성경을 따라가는 52주 가정예배

시가서

세움북스는 기독교 가치관으로 교회와 성도를 건강하게 세우는 바른 책을 만들어 갑니다.

성경을 따라가는 52주 가정예배

일주일에 한 번, 온 가족 말씀 동행 프로젝트

초판 1쇄 인쇄 2023년 11월 20일
초판 1쇄 발행 2023년 11월 25일

지은이 | 김태희
펴낸이 | 강인구

펴낸곳 | 세움북스
등   록 | 제2014-000144호
주   소 | 서울시 종로구 대학로 19 한국기독교회관 1010호
전   화 | 02-3144-3500
이메일 | cdgn@daum.net

디자인 | 참디자인

ISBN 979-11-91715-98-9 (03230)

일주일에 한 번, 온 가족 말씀 동행 프로젝트

성경을 따라가는 52주 가정예배

3
시가서

김태희 지음

세움북스

서문

이 책은 가정예배 교재입니다. 책의 구성을 따라가면 누구나 힘들지 않게 가정예배를 인도할 수 있습니다. 이 책은 부모가 자녀에게 성경 66권을 가르치는 것을 목표로 합니다. 구약 4권, 신약 2권으로 구성되어 있으므로, 일 년에 한 권씩 6년 동안 사용할 수 있습니다. 그래서 초등학교 1학년 때 창세기를 시작하면 초등학교 6학년 때 요한계시록을 마칠 수 있습니다.

이 책으로 가정예배를 드리는 방식은 다음과 같습니다. 가장 먼저 시간을 정해야 합니다. 개혁주의 교회는 전통적으로 주일 저녁에 가정예배를 드렸습니다. 주일을 온전히 지키는 측면에서도 주일 저녁이 가장 좋다고 생각합니다. 물론 다른 시간에 모여도 무방합니다. 대신 가정예배 시간이 계속 바뀌지 않도록 해야 합니다.

가정예배는 찬송으로 시작하는 것이 좋습니다. 찬송에 앞서 사도신경을 고백할 수도 있습니다. 찬송 이후에는 부모 중 한 명이 시작 기도를 드립니다. 다음으로 가정예배 본문을 읽는데, 모든 가족이 돌아가면서 읽는 것을 추천합니다. 본문은 세 개 또는 네 개의 단락으로 구성되어 있습니다. 단락별로 읽으시면 됩니다.

다음은 본문 묵상입니다. 교재에는 묵상을 도와주는 질문이 포함되어 있습니다. 부모는 교재에 있는 질문을 통해 자녀들이 말씀을 잘 이해했는지 확인하고, 이해가 부족할 때는 보충 설명을 해 주어야 합니다. 마지막으로 부모 중 한 명이 마침 기도를 합니다. 아이들이 가정예배에 익숙해지면, 아이들이 돌아가면서 기도하는 것도 좋습니다.

장로교회의 표준문서인 웨스트민스터 예배모범 제8장에는 다음과 같이 기록되어 있습니다. "가정 기도회는 신자의 당연한 의무이므로 가정마다 행할 것이니 매일 성경을 읽고, 기도하며, 찬송함으로 행할 것이다." 따라서 교회는 성도들이 가정예배를 시작하도록 독려해야 하며, 가정예배가 제대로 드려지는지 감독해야 합니다.

저는 한국 교회의 위기가 바로 여기에서 시작되었다고 생각합니다. 신자의 의무이며, 부모의 의무인 가정예배가 사라진 결과, 주일학교의 위기, 그리고 한국 교회의 위기가 시작되었다고 생각합니다. 따라서 가정예배가 회복될 때 비로소 주일학교가 회복되고, 한국 교회가 회복된다고 생각합니다.

아무쪼록 《성경을 따라가는 52주 가정예배》를 통해, 가정예배가 회복되고, 그리하여 주일학교가 회복되고, 마침내 한국 교회가 회복되는 선순환이 일어나기를 소망합니다.

목차

시가서

시편

잠언

전도서

아가

일주일에 한 번,
온 가족 말씀 동행 프로젝트

욥기

1주

주신 이도 여호와시요 거두신 이도 여호와시오니

욥기 1장 | 찬송가 182장. 강물같이 흐르는 기쁨

> 여호와께서 사탄에게 이르시되
> 네가 내 종 욥을 주의하여 보았느냐
> 그와 같이 온전하고 정직하여 하나님을 경외하며
> 악에서 떠난 자는 세상에 없느니라 (1:8)

하나님은 욥을 매우 사랑하셨습니다. 심지어 하나님은 사탄에게 욥을 자랑하셨습니다. 욥이 하나님을 경외하고 악에서 떠난 사람이었기 때문입니다. 욥은 하나님을 가장 중요하게 생각하는 사람이었고, 악한 일을 하기 싫어하는 사람이었습니다. 세상 사람들은 부자와 연예인과 스타에게 관심을 가집니다. 하지만 하나님은 욥과 같은 사람을 주의 깊게 보시고 사랑하십니다.

> 사탄이 여호와께 대답하여 이르되
> 욥이 어찌 까닭 없이 하나님을 경외하리이까 (1:9)

사탄은 하나님의 말씀에 동의하지 않았습니다. 사탄은 욥이 하나님을 경외하는 이유가 하나님께서 주신 풍요로움 때문이라고 주장했습니다. 사탄은 하나님이 욥에게서 풍요로움을 빼앗는다면, 틀림없이 욥이 하나님을 욕할 것이라고 주장했습니다(1:11).

> 여호와께서 사탄에게 이르시되
> 내가 그의 소유물을 다 네 손에 맡기노라 (1:12a)

하나님은 욥이 의로운 사람이라고 하셨고, 사탄은 욥이 의롭지 않다고 했습니다. 하나님은 욥의 의로움을 증명하기 위해 사탄이 욥을 시험하는 것을 허락하셨습니다. 이처럼 욥이 고난을 받은 이유는 욥이 의로운 사람이었기 때문입니다. 사람들은 고난이 죄 때문이라고 생각하는 경향이 있습니다. 하지만 욥의 경우에서 알 수 있듯이, 항상 죄 때문에 고난이 찾아오는 것은 아닙니다. 욥처럼 의로운 사람도 고난을 당할 수 있습니다.

> 다만 그의 몸에는 네 손을 대지 말지니라
> 사탄이 곧 여호와 앞에서 물러가니라 (1:12b)

하나님은 사탄이 욥을 시험하는 것을 허락하셨습니다. 대신 한계를 정해 주셨습니다. 욥을 시험하되, 욥의 몸에는 손을 대지 못하게 하셨습니다. 이처럼 성도의 고난도 하나님의 뜻 안에서 일어나는 일입니다. 그리고 하나님께서 주시는 고난에는 정해진 한계가 있습니다. 하나님은 우리가 감당할 수 없는 시련은 주지 않으십니다.

> 이르되 내가 모태에서 알몸으로 나왔사온즉
> 또한 알몸이 그리로 돌아가올지라
> 주신 이도 여호와시요 거두신 이도 여호와시오니
> 여호와의 이름이 찬송을 받으실지니이다 하고 (1:21)

사탄은 욥에게 큰 불행을 주었습니다. 욥은 모든 재산과 모든 자녀를 잃었습니다. 그 가운데서도 욥은 하나님을 원망하지 않았습니다. 오히려 욥은 하나님을 찬양했습니다. 이로써 하나님은 사탄에게 승리하셨습니다. 하나님은 지혜롭고, 사탄은 미련하다는 것이 밝히 드러났습니다.

묵상

왜 하나님은 욥을 사랑하시고 자랑하셨습니까?

_____

_____

_____

_____

욥이 고난을 당한 이유는 무엇입니까?

_____

_____

_____

_____

기도

하나님. 욥은 고난과 시련 속에서도 하나님을 원망하지 않고, 도리어 하나님을 찬양했습니다. 저희도 어렵고 슬픈 순간마다 누군가를 원망하지 않고, 하나님을 찬양하는 사람이 되게 해 주세요. 그렇게 어려움과 슬픔을 극복하게 해 주세요. 예수님의 이름으로 기도합니다. 아멘.

죄 없이 망한 자가 누구인가

욥기 4–5장 | 찬송가 183장. 빈들에 마른 풀같이

> 생각하여 보라 죄 없이 망한 자가 누구인가
> 정직한 자의 끊어짐이 어디 있는가 (4:7)

욥을 위로하기 위해 세 친구가 찾아왔습니다. 세 친구 중 한 명인 엘리바스가 말했습니다. "죄 없이 망한 자가 누구인가 정직한 자의 끊어짐이 어디 있는가" 이것은 욥을 겨냥한 말입니다. 욥이 고난을 당하는 이유는 욥이 죄를 지었기 때문이라는 뜻입니다. 하지만 욥이 고난을 당하는 이유는 욥이 죄를 지었기 때문이 아닙니다. 반대로 욥이 의로운 사람이기 때문입니다. 우리는 엘리바스처럼 누군가가 고난을 당할 때, 그 사람이 죄를 지었기 때문이라고 단정지어서는

안 됩니다.

> 내가 보건대 악을 밭 갈고
> 독을 뿌리는 자는 그대로 거두나니 (4:8)

엘리바스는 세상을 단순하게 생각합니다. "악을 밭 갈고 독을 뿌리는 자는 그대로 거두나니" 이 말은 악한 자는 반드시 망한다는 뜻입니다. 물론 엘리바스의 주장은 틀린 말이 아닙니다. 궁극적으로 악한 자는 반드시 망할 것입니다. 마지막 날에 악한 자들은 반드시 하나님께 벌을 받을 것입니다. 하지만 현재는 그렇지 않습니다. 지금은 의인이 망하기도 하고, 악인이 성공하기도 합니다. 우리가 살아가는 세상은 그리 단순하지 않습니다.

> 어떤 말씀이 내게 가만히 이르고
> 그 가느다란 소리가 내 귀에 들렸었나니 (4:12)

엘리바스는 신비주의자였던 것으로 보입니다. 신비주의자는 하나님의 말씀보다 자신의 경험을 더 중시하는 사람입니다. 성경에서 하나님의 뜻을 찾기보다 꿈과 환상에서 하나님의 뜻을 찾는 사람입니다. 엘리바스는 환청으로 들은 것을 하나님의 뜻으로 생각했습니다. 지금도 엘리바스와 같은 사람이 있습니다. 성경 없이 하나님의 뜻을 찾으려는 사람들은 엘리바스처럼 미련한 사람입니다.

> 너는 부르짖어 보라 네게 응답할 자가 있겠느냐
> 거룩한 자 중에 네가 누구에게로 향하겠느냐 (5:1)

엘리바스는 욥이 부르짖어도 아무도 응답하지 않을 것이라고 말했습니다. 엘리바스의 말은 사실이 아니었습니다. 욥은 부르짖었고, 하나님은 응답하셨습니다. 우리가 힘들고 어려운 일을 겪을 때, 우리는 하나님께 부르짖어야 합니다. 우리의 아픔과 슬픔을 하나님께 말씀드려야 합니다. 그러면 하나님께서 들으시고, 우리에게 힘을 주실 것입니다. 아픔과 슬픔을 이길 힘을 주실 것입니다.

묵상

왜 엘리바스는 욥이 고난을 당한다고 생각했습니까?

_____

_____

_____

마지막 날에는 반드시 악인이 망할 것입니다.
하지만 지금은 어떠합니까?

_____

_____

_____

기도

하나님. 엘리바스는 욥에게 상처를 주었습니다. 고난당하고
있는 사람을 더욱 아프게 했습니다. 저희는 고난당하는 사람
을 진심으로 이해하게 해 주세요. 마음을 다해 위로할 수 있는
사람이 되게 해 주세요. 예수님의 이름으로 기도합니다. 아멘.

천 마디에 한 마디도 대답하지 못하리라

욥기 8-9장 | 찬송가 191장. 내가 매일 기쁘게

> 수아 사람 빌닷이 대답하여 이르되 …
> 네 자녀들이 주께 죄를 지었으므로
> 주께서 그들을 그 죄에 버려두셨나니 (8:1-4)

빌닷은 욥이 당한 재앙을 죄 때문이라고 말합니다. 욥의 자녀들이 죽은 것도 그들의 죄 때문이라고 말합니다. 빌닷의 말을 들은 욥의 마음은 얼마나 아팠을까요? 욥은 빌닷의 말을 듣고 얼마나 많은 상처를 받았을까요? 빌닷처럼 다른 사람을 쉽게 판단해서는 안 됩니다. 우리는 상처를 주는 사람이 아니라, 상처를 치유하는 사람이 되어야 합니다.

▮ 네 시작은 미약하였으나 네 나중은 심히 창대하리라 (8:7)

빌닷은 욥이 회개하기만 하면 나중에는 크게 성공할 것이라고 말합니다. 빌닷은 선을 행하는 사람은 무조건 성공하고, 악을 행하는 사람은 무조건 망한다고 생각하고 있습니다. 그러나 현실은 그렇지 않습니다. 때로는 선을 행하는 사람이 실패하기도 하고, 악을 행하는 사람이 성공하기도 합니다. 그리고 우리가 선을 행하는 이유는 성공 때문이 아닙니다. 우리가 선을 행하는 이유는 그것이 옳기 때문입니다. 우리가 선을 행하는 것을 하나님이 기뻐하시기 때문입니다.

▮ 하나님을 잊어버리는 자의 길은 다 이와 같고
▮ 저속한 자의 희망은 무너지리니 (8:13)

빌닷은 하나님을 잊어버린 자는 반드시 망한다고 주장합니다. 빌닷의 주장을 인과응보 사상이라고 합니다. 인과응보란 좋은 일에는 좋은 결과가, 나쁜 일에는 나쁜 결과가 따른다는 것입니다. 물론 인과응보 사상이 그 자체로 틀린 것은 아닙니다. 하지만 세상에서 일어나는 모든 일을 인과응보 사상으로만 설명해서는 안 됩니다. 대표적인 사례가 욥입니다. 욥은 좋은 일을 했지만, 나쁜 결과를 맞이했습니다.

▮ 사람이 하나님께 변론하기를 좋아할지라도
▮ 천 마디에 한 마디도 대답하지 못하리라 (9:3)

욥은 빌닷의 말을 들은 후, 다음과 같이 대답했습니다. "사람이 하나님께 변론하기를 좋아할지라도 천 마디에 한 마디도 대답하지 못하

리라." 이 말은, 사람은 하나님의 지혜를 다 이해할 수 없다는 뜻입니다. 사람은 하나님께서 하시는 일을 다 이해할 수 없다는 것입니다. 따라서 우리는 인과응보 사상으로 세상에서 일어나는 모든 일을 해석하려 해서는 안 됩니다. 예를 들어 누군가가 실패한 것은 그가 나쁜 사람이기 때문이라거나, 누군가가 성공한 것은 그가 좋은 사람이기 때문이라고 섣불리 판단해서는 안 됩니다. 우리는 미련하여 세상에서 일어나는 일을 다 이해할 수 없습니다. 우리는 미련하여 하나님께서 하시는 일을 다 이해할 수 없습니다.

묵상

빌닷은 욥이 재앙을 당한 이유가 무엇 때문이라고 생각합니까?

_____

_____

_____

빌닷의 주장을 어떤 사상이라고 합니까?

_____

_____

인과응보 사상으로 세상에서 일어나는 모든 일을
설명할 수 있습니까?

_____

_____

기도

하나님. 빌닷은 하나님을 다 아는 것처럼 행동했습니다. 하지
만 사람은 하나님께서 하시는 일을 다 이해할 수 없습니다. 그
러므로 저희가 항상 겸손하게 행동하게 해 주세요. 겸손히 하
나님께 순종하게 해 주세요. 예수님의 이름으로 기도합니다.
아멘.

4주

나아마 사람 소발이 대답하여 이르되

욥기 11-12장 | 찬송가 199장. 나의 사랑하는 책

> 나아마 사람 소발이 대답하여 이르되
>
> 말이 많으니 어찌 대답이 없으랴
>
> 말이 많은 사람이 어찌 의롭다 함을 얻겠느냐 (11:1-2)

엘리바스와 빌닷은 욥에게 큰 상처를 주었습니다. 그들은 보지도 않았으면서, 욥이 죄를 지었다고 주장했습니다. 그들은 다 알지도 못하면서, 욥이 재앙을 당한 것은 인과응보의 결과라고 주장했습니다. 소발도 마찬가지입니다. 소발도 욥에게 상처를 주었습니다. 지금까지 욥은 많은 말을 했습니다. 너무 힘들었기 때문입니다. 그런데 소발은 욥의 아픔을 이해하려고 하지 않았습니다. 대신 욥의 많

26 성경을 따라가는 52주 가정예배 3   시가서

은 말은 욥의 어리석음을 드러내는 것이라고 주장했습니다. 우리도 소발처럼 행동하고 있지 않습니까? 상대방을 이해하는 대신 판단하고, 상대방을 위로하는 대신 상처를 주고 있지 않습니까?

> 하나님은 허망한 사람을 아시나니
> 악한 일은 상관하지 않으시는 듯하나 다 보시느니라 (11:11)

소발은 하나님께서 다 보신다고 말합니다. 소발의 말은 하나님께서 욥의 죄를 다 보셨다는 뜻입니다. 사람들은 욥의 죄를 보지 못했지만, 하나님은 다 보셨다는 뜻입니다. 사람들은 욥의 죄를 보지 못해서 욥을 의롭다고 생각했지만, 하나님은 다 보셨기 때문에 욥을 심판하셨다는 뜻입니다. 소발은 하나님의 이름으로 욥을 정죄하고 있습니다. 우리도 소발처럼 행동할 때가 많습니다. 하나님의 말씀을 자기에게 적용하지 않고, 다른 사람에게 적용하는 사람은 소발과 같은 사람입니다. 하나님의 말씀으로 다른 사람을 판단하고 정죄하는 사람은 소발과 같은 사람입니다.

> 네 손에 죄악이 있거든 멀리 버리라
> 불의가 네 장막에 있지 못하게 하라 (11:14)

소발은 욥에게 죄를 버리라고 말합니다. 소발은 욥이 죄를 지었다는 것을 사실처럼 믿고 있습니다. 우리도 소발처럼 행동할 때가 많습니다. 다른 사람을 섣불리 판단하는 사람, 다른 사람을 쉽게 정죄하는 사람은 소발과 같은 사람입니다. 누구나 실수할 수 있습니다. 우리는 한 번의 실수로 누군가를 판단해서는 안 됩니다. 우리는 판단하고 정죄하기보다는, 기다려 주고 기도해 주는 사람이 되어야 합니다.

> 강도의 장막은 형통하고
> 하나님을 진노하게 하는 자는 평안하니
> 하나님이 그의 손에 후히 주심이니라 (12:6)

욥은 소발의 말을 들은 후, 다음과 같이 대답했습니다. "강도의 장막은 형통하고 하나님을 진노하게 하는 자는 평안하니", 즉 악인도 때로는 형통하고, 죄인도 때로는 평안하다는 뜻입니다. 실제로 세상에는 이런 일이 종종 일어납니다. 그러므로 우리는 인과응보 사상으로 모든 일을 판단해서는 안 됩니다. 우리는 세상에서 일어나는 일을 모두 이해할 수 없습니다. 오히려 세상에는 우리가 이해할 수 없는 일들이 더 많이 일어납니다. 우리의 역할은 모든 일을 이해하는 것이 아닙니다. 우리가 이해할 수 없는 일이 발생할지라도, 그것이 하나님의 뜻과 계획 속에서 발생하는 일임을 믿는 것입니다.

묵상

소발과 같은 사람은 어떤 사람입니까?

_____

_____

_____

세상에서 일어나는 일을 우리가 다 이해할 수 있습니까?

_____

_____

_____

기도

하나님. 소발은 모든 것을 알 수 있다고 생각하는 교만한 사람이었습니다. 저희는 소발처럼 교만하지 않기를 원합니다. 다 알 수 없을지라도, 하나님을 신뢰하는 사람이 되게 해 주세요. 기다리며 기도하는 사람이 되게 해 주세요. 예수님의 이름으로 기도합니다. 아멘.

5주

내가 네게 묻는 것을
대답할지니라

욥기 38장 | 찬송가 200장. 달고 오묘한 그 말씀

> 그때에 여호와께서 폭풍우 가운데에서
> 욥에게 말씀하여 이르시되(38:1)

욥은 고난 중에서 하나님 만나기를 원했습니다. 하나님과 직접 대화하기를 원했습니다. 마침내 하나님께서 욥을 찾아오셨습니다. 천지를 창조하신 하나님께서 한낱 피조물에 불과한 욥을 찾아오셨습니다. 우리도 마찬가지입니다. 우리를 구원하기 위해 성자 하나님께서 사람의 몸으로 이 땅에 오셨습니다. 심지어 성령 하나님은 우리 마음속에 오셨습니다.

> 너는 대장부처럼 허리를 묶고
> 내가 네게 묻는 것을 대답할지니라 (38:3)

하나님은 욥에게 질문하십니다. 질문에 답하라고 하십니다. 과연 욥이 하나님의 질문에 답할 수 있을까요? 불가능합니다. 어떤 사람도 하나님의 질문에 모두 답할 수 없습니다. 하나님은 크고 지혜로우시지만, 사람은 작고 미련하기 때문입니다. 하나님께서 욥에게 질문하시는 이유가 바로 여기에 있습니다. 하나님은 질문을 통해 욥이 깨닫기를 원하십니다. 사람은 작고 미련한 존재임을 알기 원하십니다.

> 내가 땅의 기초를 놓을 때에 네가 어디 있었느냐
> 네가 깨달아 알았거든 말할지니라 (38:4)

하나님은 욥에게 질문하십니다. "내가 땅의 기초를 놓을 때 어디에 있었냐?"라고 물으십니다. 이 질문의 의도는 하나님의 창조를 이해할 수 있냐는 것입니다. 하나님께서 말씀으로 세상을 창조하신 것을 이해할 수 있냐는 질문입니다. 욥은 이 질문에 모른다고 답할 수밖에 없습니다. 사람은 한낱 피조물에 불과하기에, 하나님께서 말씀으로 창조하신 것을 다 이해할 수 없습니다. 사람은 하나님의 창조를 이해할 수 없고, 다만 믿을 뿐입니다.

> 네가 묘성을 매어 묶을 수 있으며
> 삼성의 띠를 풀 수 있겠느냐 (38:31)

하나님은 욥에게 질문하십니다. 하늘의 별을 이해할 수 있냐고 물으십니다. 우주에는 1000억 개가 넘는 은하가 있고, 하나의 은하에는 1000억 개가 넘는 별이 있습니다. 더 놀라운 것은 이렇게 많은 별이 자기 자리를 지키고 있으며, 정해진 궤도를 돌고 있다는 사실입니다. 사람으로는 도저히 이해할 수 없는 일입니다. 바로 이것이 하나님의 능력입니다. 바로 이것이 하나님의 지혜입니다. 그러므로 사람은 하나님을 다 알 수 있다는 교만을 버려야 합니다. 하나님께서 하시는 일을 다 알 수 있다는 교만을 버려야 합니다. 그리고 겸손해야 합니다.

묵상

하나님의 질문에 모두 답할 수 있는 사람이 있습니까?

_____

_____

_____

하나님의 창조를 모두 이해할 수 있는 사람이 있습니까?

_____

_____

_____

_____

기도

하나님. 세상 사람들은 이해되지 않으면 믿지 않습니다. 세상 사람들은 하나님의 창조가 비과학적이라고 비판합니다. 하지만 저희는 겸손히 하나님을 따르기 원합니다. 비록 저희의 지식으로는 하나님의 창조를 다 이해할 수 없지만, 그래도 말씀대로 믿게 해 주세요. 예수님의 이름으로 기도합니다. 아멘.

내 종 욥의 말같이
옳지 못함이니라

욥기 42장 | 찬송가 202장. 하나님 아버지 주신 책은

> 그러므로 내가 스스로 거두어들이고
> 티끌과 재 가운데에서 회개하나이다 (42:6)

욥은 너무나 고통스러운 나머지 하나님께 해서는 안 되는 말들을 했습니다. 욥은 자신의 행동과 말들을 하나님께 회개했습니다. 욥은 변명하거나 핑계하지 않았습니다. 우리도 죄를 회개하는 데 게으르지 말아야 합니다. 우리의 죄를 변명하거나 핑계하지 않고, 정직하게 회개해야 합니다.

> 여호와께서 욥에게 이 말씀을 하신 후에
> 여호와께서 데만 사람 엘리바스에게 이르시되
> 내가 너와 네 두 친구에게 노하나니
> 이는 너희가 나를 가리켜 말한 것이
> 내 종 욥의 말같이 옳지 못함이니라 (42:7)

시종일관 세 친구는 자신들은 옳고, 욥은 옳지 않다고 했습니다. 하지만 하나님은 정반대의 판결을 내리셨습니다. 하나님은 욥이 옳고, 세 친구는 옳지 않다고 하셨습니다. 세 친구는 지혜로운 사람이 아니라 미련한 사람이었습니다. 우리도 세 친구처럼 착각할 때가 많습니다. 착각하고 교만할 때가 많습니다. 우리는 겸손해야 합니다. 하나님만 지혜로우시고, 우리는 미련한 사람임을 잊지 말아야 합니다.

> 욥이 그의 친구들을 위하여 기도할 때
> 여호와께서 욥의 곤경을 돌이키시고
> 여호와께서 욥에게 이전 모든 소유보다
> 갑절이나 주신지라 (42:10)

세 친구는 욥에게 심한 말을 쏟아 냈습니다. 세 친구는 욥을 쉬지 않고 정죄했습니다. 하지만 욥은 세 친구를 용서했습니다. 용서할 뿐만 아니라, 세 친구를 위해 기도했습니다. 하나님은 우리에게 원수를 사랑하라고 하셨습니다. 우리가 할 일은 복수가 아닙니다. 우리는 욥처럼 원수를 위해 기도하는 사람이 되어야 합니다.

> 욥이 그의 친구들을 위하여 기도할 때
> 여호와께서 욥의 곤경을 돌이키시고
> 여호와께서 욥에게 이전 모든 소유보다
> 갑절이나 주신지라 (42:10)

욥은 세 친구를 위해 기도했습니다. 욥을 공격하고 정죄한 사람들을 위해 기도했습니다. 그러자 하나님은 욥에게 복을 주셨습니다. 욥이 고난에서 벗어나게 하시고, 욥에게 이전보다 더 큰 복을 주셨습니다. 의인의 삶에는 고난이 많습니다. 하지만 끝까지 의로움을 버리지 않으면, 하나님께서 복을 주십니다. 끝까지 의로운 삶을 살다가 하나님께 복을 받은 욥을 기억합시다. 하나님은 의로운 자기 백성들을 결코 버리지 않으십니다.

묵상

욥은 자신을 정죄한 친구들을 위해 무엇을 했습니까?

_____

_____

_____

_____

세 친구를 위해 기도한 욥에게, 하나님은 어떤 일을
행하셨습니까?

_____

_____

_____

기도

하나님. 하나님은 끝까지 의로움을 지켰던 욥에게 복을 주셨
습니다. 저희도 세상의 악에 물들지 않고, 의로운 삶을 살게 해
주세요. 끝까지 의로움을 지키게 해 주세요. 예수님의 이름으
로 기도합니다. 아멘.

일주일에 한 번,
온 가족 말씀 동행 프로젝트

시편

복 있는 사람은 악인들의 꾀를 따르지 아니하며

시편 1편 | 찬송가 204장. 주의 말씀 듣고서

> 복 있는 사람은 악인들의 꾀를 따르지 아니하며
>
> 죄인들의 길에 서지 아니하며
>
> 오만한 자들의 자리에 앉지 아니하고 (1:1)

누가 복 있는 사람일까요? 돈이 많은 사람? 성공한 사람? 인기 있는 사람? 아닙니다. 악인들의 꾀를 따르지 않는 사람. 죄인들의 길에 서지 않는 사람입니다. 다시 말해서 타락한 세상 사람들과 구별된 사람입니다. 성공을 위해서 수단과 방법을 가리지 않는 세상 사람들처럼 살지 않고, 하나님의 말씀대로 살기 위해 노력하는 사람입니다. 그런 사람이 진짜 복 있는 사람입니다.

> 오직 여호와의 율법을 즐거워하여
> 그의 율법을 주야로 묵상하는도다 (1:2)

어떻게 하면 복 있는 사람의 삶을 살 수 있을까요? 어떻게 하면 악인들과 구별된 삶을 살 수 있을까요? 하나님의 말씀을 밤낮으로 묵상하는 것입니다. 묵상이란 반복해서 읽는 것을 말합니다. 소리 내어 읽는 것을 말합니다. 말씀을 마음에 새기기 위해 노력하는 것을 말합니다. 그런 사람만이 복 있는 삶을 살 수 있습니다.

> 그는 시냇가에 심은 나무가 철을 따라 열매를 맺으며
> 그 잎사귀가 마르지 아니함 같으니
> 그가 하는 모든 일이 다 형통하리로다 (1:3)

말씀대로 사는 것은 만사형통을 보장하지 않습니다. 말씀대로 살아도 어려움을 겪습니다. 오히려 말씀대로 사는 것 때문에 실패할 수도 있습니다. 하지만 우리는 기억해야 합니다. 결국에는 말씀대로 사는 사람이 잘될 것입니다. 결국에는 말씀대로 사는 사람이 형통할 것입니다.

> 악인들은 그렇지 아니함이여
> 오직 바람에 나는 겨와 같도다
> 그러므로 악인들은 심판을 견디지 못하며
> 죄인들이 의인들의 모임에 들지 못하리로다 (1:4-5)

악인들은 성공을 위해 수단과 방법을 가리지 않습니다. 악인들은 성

공을 위해 불법을 사용하고, 다른 사람에게 피해를 주기도 합니다. 하지만 악인들의 성공은 일시적입니다. 결국 악인들은 하나님의 심판을 받을 것입니다.

> 무릇 의인들의 길은 여호와께서 인정하시나
> 악인들의 길은 망하리로다 (1:6)

결국 의인은 형통하고, 악인은 망할 것입니다. 의인은 고난을 이기고 승리할 것이지만, 악인은 한순간에 무너질 것입니다. 그 이유는 하나님 때문입니다. 하나님께서 의인과 악인을 지켜보시기 때문입니다. 우리는 악인의 삶이 아니라, 의인의 삶을 살아야 합니다. 하나님께서 우리의 삶을 지켜보고 계심을 잊지 말아야 합니다.

묵상

누가 진짜 복 있는 사람입니까?

_____

_____

_____

_____

어떻게 하면 복 있는 삶을 살 수 있습니까?

_____

_____

_____

_____

기도

하나님. 하나님의 말씀을 밤낮으로 묵상하게 해 주세요. 그리하여 악인의 삶이 아니라 의인의 삶을 살게 해 주세요. 참으로 복 있는 삶을 살게 해 주세요. 예수님의 이름으로 기도합니다. 아멘.

내 의의 하나님이여
내가 부를 때에 응답하소서

시편 4편 | 찬송가 214장. 나 주의 도움 받고자

> 내 의의 하나님이여
> 내가 부를 때에 응답하소서
> 곤란 중에 나를 너그럽게 하셨사오니
> 내게 은혜를 베푸사 나의 기도를 들으소서 (4:1)

다윗은 큰 어려움을 겪고 있었습니다. 하지만 다윗은 희망을 잃지 않았습니다. 기도를 들으시는 하나님 때문입니다. 기도에 응답하시는 하나님 때문입니다. 우리도 어려움을 겪을 때가 있습니다. 우리의 힘으로 해결할 수 없는 문제를 만날 때가 있습니다. 그때도 우리는 희망을 잃지 말아야 합니다. 우리의 기도를 들으시는 하나님께 소망을 두어야 합니다.

> 인생들아 어느 때까지
> 나의 영광을 바꾸어 욕되게 하며
> 헛된 일을 좋아하고 거짓을 구하려는가 (4:2)

다윗은 원수들의 공격을 받고 있었습니다. 원수들은 다윗에 대한 거짓말을 전파했습니다. 원수들은 다윗의 영광을 욕으로 바꾸었습니다. 우리도 다윗과 같은 어려움을 겪을 때가 있습니다. 사람들에게 오해를 받을 때가 있고, 억울한 일을 당할 때가 있습니다. 그때 우리는 하나님을 찾아야 합니다. 하나님께 우리의 억울함을 호소해야 합니다. 하나님의 도움을 구해야 합니다.

> 여호와께서 자기를 위하여
> 경건한 자를 택하신 줄 너희가 알지어다
> 내가 그를 부를 때에
> 여호와께서 들으시리로다 (4:3)

원수들은 다윗을 공격했습니다. 원수들은 다윗에 대한 거짓 소문을 전파했습니다. 아마 원수들은 자신들이 이겼다고 생각했을 것입니다. 하지만 원수들은 다윗을 이기지 못했습니다. 다윗은 원수들의 공격을 이기고 승리했습니다. 다윗이 승리한 이유는 하나님 때문입니다. 하나님이 다윗의 편이었기 때문입니다. 하나님은 불법을 사용하는 악인들의 편이 아닙니다. 하나님은 다윗처럼 의로운 자들의 편이십니다.

> 여러 사람의 말이 우리에게
> 선을 보일 자 누구뇨 하오니
> 여호와여 주의 얼굴을 들어
> 우리에게 비추소서 (4:6)

원수들은 다윗에게 선을 행할 자가 없다고 말했습니다. 다윗을 도와줄 자는 아무도 없다고 말했습니다. 원수들의 말은 사실이 아니었습니다. 다윗은 혼자가 아니었습니다. 다윗 곁에는 하나님이 계셨습니다. 하나님은 언제나 다윗과 함께하셨습니다. 우리도 마찬가지입니다. 우리는 혼자가 아닙니다. 하나님이 언제나 우리와 함께하십니다. 따라서 어려움을 겪을 때, 우리가 가장 먼저 해야 하는 일은 기도입니다. 하나님의 도움을 구하는 일입니다.

> 내가 평안히 눕고 자기도 하리니
> 나를 안전히 살게 하시는
> 이는 오직 여호와이시니이다 (4:8)

다윗은 어려움이 많았습니다. 하지만 다윗은 평안히 잠자리에 들었습니다. 어떻게 다윗은 어려움 속에서도 깊은 잠을 잘 수 있었을까요? 하나님 때문입니다. 다윗은 하나님께서 자신을 도와주실 거라고 확신했습니다. 그래서 다윗은 걱정하지 않고 깊은 잠을 잘 수 있었습니다. 우리도 하나님께 기도한 것은 더 이상 걱정하지 말아야 합니다. 하나님께 짐을 맡긴 후에는 더 이상 두려워하지 말아야 합니다.

묵상

왜 다윗은 어려움 속에서 희망을 잃지 않았습니까?

_____

_____

_____

_____

왜 다윗은 어려움 속에서 깊은 잠을 잘 수 있었습니까?

_____

_____

_____

_____

기도

하나님. 다윗은 많은 어려움 속에서도 희망을 잃지 않았습니다. 기도를 들으시는 하나님 때문입니다. 저희도 어려움을 당할 때가 많습니다. 그때마다 하나님께 기도하게 해 주세요. 하나님께 기도한 후에는 평안히 잠자리에 들게 해 주세요. 예수님의 이름으로 기도합니다. 아멘.

주의 이름이 온 땅에
어찌 그리 아름다운지요

시편 8편 | 찬송가 218장. 내 맘과 정성을 다하여서

> 여호와 우리 주여
> 주의 이름이 온 땅에 어찌 그리 아름다운지요
> 주의 영광이 하늘을 덮었나이다 (8:1)

하나님은 정말 대단하신 분입니다. 하늘을 보면 하나님이 얼마나 대단한 분인지 알 수 있습니다. 하늘에는 수많은 별이 있습니다. 하늘에는 천억 개가 넘는 은하가 있고, 한 은하에는 천억 개가 넘는 별이 있습니다. 하나님은 셀 수 없이 많은 별을 단지 말씀만으로 만드셨습니다. 우리 하나님은 참으로 대단하신 분, 참으로 영광스러운 분

입니다.

> 사람이 무엇이기에 주께서 그를 생각하시며
> 인자가 무엇이기에 주께서 그를 돌보시나이까 (8:4)

하나님에 비하면 사람은 너무나 작은 존재입니다. 하나님과 비교할
때 사람은 티끌과 같은 존재입니다. 하나님은 놀랍게도 작고 작은
우리를 사랑해 주십니다. 하나님은 우리를 생각하시고, 우리를 돌
보아 주십니다. 바로 이것이 우리의 특별함입니다. 우리가 특별한
것은 우리가 대단한 사람이어서가 아닙니다. 크신 하나님께서 우리
를 사랑하시기에 우리도 큰 사람입니다. 대단하신 하나님이 우리와
함께하시기에 우리도 대단한 사람입니다. 우리는 큰 사람이 되기 위
해 더욱 하나님께 가까이 가야 합니다. 우리는 대단한 사람이 되기
위해 더욱 하나님을 의지해야 합니다.

> 그를 하나님보다 조금 못하게 하시고
> 영화와 존귀로 관을 씌우셨나이다 (8:5)

다윗은 사람이 하나님보다 조금 못한 존재라고 말합니다. 이 말은
사람이 하나님의 일꾼이라는 뜻입니다. 하나님은 우리의 주인이시
고, 우리는 하나님의 종이라는 뜻입니다. 따라서 우리는 하나님을
위해서 살아야 합니다. 하나님의 일을 하며 살아야 합니다. 나를 위
해 살지 않고, 나의 꿈을 이루기 위해 살지 않고, 나의 성공을 위해
살지 않아야 합니다. 하나님의 일꾼으로 살고, 하나님의 종으로 살
아야 합니다.

> 여호와 우리 주여
>
> 주의 이름이 온 땅에 어찌 그리 아름다운지요 (8:9)

다윗은 하나님의 이름이 아름답다고 노래했습니다. 우리 역시 이러한 노래를 불러야 합니다. 하나님을 찬양하는 노래를 불러야 합니다. 우리는 어떠한 노래를 부르고 있습니까? 수준 낮은 사랑 노래, 비속어가 들어간 노래, 천박한 노래를 부르고 있지 않습니까? 우리가 불러야 할 노래는 그런 노래가 아닙니다. 우리는 하나님의 사랑에 관한 노래, 하나님의 영광에 관한 노래, 하나님의 은혜에 관한 노래를 불러야 합니다.

묵상

무엇을 보면 하나님의 대단하심을 알 수 있습니까?

_____

_____

_____

_____

대단하신 하나님께서 우리를 어떻게 대하십니까?

_____

_____

_____

_____

기도

하나님. 하나님은 작고 작은 저희를 사랑해 주셨습니다. 하나
님은 죄 많은 저희를 용서하시고 구원해 주셨습니다. 크신 하
나님의 사랑과 은혜를 찬양하며 살아가게 해 주세요. 하나님
의 영광을 노래하는 삶을 살게 해 주세요. 예수님의 이름으로
기도합니다. 아멘.

10주

여호와여 주의 장막에
머무를 자 누구오며

시편 15편 | 찬송가 250장. 구주의 십자가 보혈로

> 여호와여
> 주의 장막에 머무를 자 누구오며
> 주의 성산에 사는 자 누구오니이까(15:1)

다윗은 하나님께 물었습니다. 누가 하나님을 예배할 수 있는지 물었습니다. 다윗의 질문을 통해, 아무나 하나님을 예배할 수 없다는 사실을 알 수 있습니다. 그렇다면 하나님을 예배할 수 있는 사람은 어떤 사람일까요? 하나님은 어떤 사람의 예배를 기쁘게 받으실까요?

> 정직하게 행하며
>
> 공의를 실천하며
>
> 그의 마음에
>
> 진실을 말하며 (15:2)

하나님은 다음과 같은 사람의 예배를 받으십니다. 첫째, 정직한 사람입니다. 둘째, 정의를 실천하는 사람입니다. 셋째, 진실을 말하는 사람입니다. 바꾸어 말하면 하나님은 거짓을 말하는 사람과 악을 행하는 사람의 예배는 받지 않으십니다. 우리는 어떠합니까? 우리는 하나님께서 받으실 만한 예배를 드리고 있습니까?

> 그의 혀로 남을
>
> 허물하지 아니하고
>
> 그의 이웃에게
>
> 악을 행하지 아니하며
>
> 그의 이웃을
>
> 비방하지 아니하며 (15:3)

하나님은 다음과 같은 사람의 예배를 받으십니다. 넷째, 남을 헐뜯지 않는 사람입니다. 다섯째, 이웃에게 피해를 주지 않는 사람입니다. 여섯째, 이웃을 욕하지 않는 사람입니다. 바꾸어 말하면 하나님은 이웃을 헐뜯고, 이웃에게 피해를 주고, 이웃을 욕하는 사람의 예배는 받지 않으십니다. 우리는 어떠합니까? 만약 우리에게 이런 모습이 있다면, 하나님을 예배하기 전에 먼저 우리의 죄를 회개합시다.

그의 눈은 망령된 자를 멸시하며

여호와를 두려워하는 자들을 존대하며

그의 마음에 서원한 것은

해로울지라도 변하지 아니하며

이자를 받으려고 돈을 꾸어 주지 아니하며

뇌물을 받고 무죄한 자를 해하지 아니하는 자이니

이런 일을 행하는 자는

영원히 흔들리지 아니하리이다 (15:4-5)

하나님은 다음과 같은 사람의 예배를 받으십니다. 일곱째, 악한 자를 멀리하는 사람입니다. 여덟째, 의로운 자들을 가까이하는 사람입니다. 아홉째, 서원을 지키는 사람입니다. 열째, 가난한 자에게 이자를 받지 않는 사람입니다. 열한째, 거짓 증언하지 않는 사람입니다. 바꾸어 말하면 하나님은 악한 자와 가까이 지내거나, 하나님께 맹세한 것을 어기거나, 가난한 자를 돕지 않는 사람의 예배는 받지 않으십니다. 우리는 하나님이 기쁘게 예배를 받으실 사람입니까? 하나님을 예배하기 전에 먼저 우리의 삶을 돌아봅시다.

묵상

하나님께서 받지 않으시는 예배도 있습니까?

_____

_____

_____

하나님을 예배하기 전에 회개해야 할 죄는 무엇입니까?

_____

_____

_____

_____

기도

하나님. 저희에게는 하나님께 나아갈 자격이 없습니다. 하지만 예수님의 보혈을 의지하고, 저희 죄를 회개하며 하나님께 나아갑니다. 저희의 죄를 용서해 주시고, 저희의 예배를 기쁘게 받아 주세요. 예수님의 이름으로 기도합니다. 아멘.

여호와는 나의 반석이시요

시편 18편 | 찬송가 251장. 놀랍다 주님의 큰 은혜

> 여호와는 나의 반석이시요
>
> 나의 요새시요 나를 건지시는 이시요
>
> 나의 하나님이시요
>
> 내가 그 안에 피할 나의 바위시요 나의 방패시요
>
> 나의 구원의 뿔이시요 나의 산성이시로다 (18:2)

사울은 다윗을 죽이려고 했습니다. 다윗은 사울을 피해 도망 다녔습니다. 다윗은 여러 번 위험한 순간을 겪었습니다. 죽음 문턱까지 간 적도 있었습니다. 하지만 사울은 다윗을 찾지 못했습니다. 사울은 다윗을 해하지 못했습니다. 하나님께서 다윗을 지켜 주셨기 때문

입니다. 그래서 다윗은 노래했습니다. 하나님은 요새이며 방패라고 노래했습니다. 다윗의 하나님은 곧 우리의 하나님입니다. 다윗을 보호하신 하나님은 우리 역시 보호해 주실 것입니다. 하나님은 우리의 요새이며 방패이십니다.

> 내가 환난 중에서 여호와께 아뢰며
> 나의 하나님께 부르짖었더니
> 그가 그의 성전에서 내 소리를 들으심이여
> 그의 앞에서 나의 부르짖음이 그의 귀에 들렸도다 (18:6)

다윗이 하나님의 보호를 받을 수 있었던 것은 다윗이 어려운 순간마다 하나님께 기도했기 때문입니다. 다윗은 하나님께 도움을 호소했고, 하나님은 다윗의 소리를 들으셨습니다. 우리도 다윗처럼 어려운 일을 당할 때가 있습니다. 그때마다 우리는 다윗처럼 행동해야 합니다. 다윗처럼 하나님께 기도해야 합니다. 소리를 높여 하나님을 불러야 합니다. 그러면 하나님은 우리의 소리를 들으실 것입니다. 우리를 어려움에서 건져 주실 것입니다.

> 여호와께서 내 의를 따라 상 주시며
> 내 손의 깨끗함을 따라 내게 갚으셨으니 (18:20)

하나님께서 다윗을 도와주신 이유는 다윗의 손이 깨끗했기 때문입니다. 다윗이 손으로 죄를 짓지 않았기 때문입니다. 하나님은 죄를 멀리하고 선을 가까이하는 자들을 사랑하십니다. 하나님은 의인들이 도움을 구할 때, 기쁘게 도와주십니다. 우리는 어떠합니까? 우리는 손이 깨끗한 사람입니까? 우리는 선을 가까이하고 악을 멀리하는 사람입니까? 하나님의 도움을 구하기에 앞서서 먼저 우리의 죄를 회개합시다. 우리가 손으로, 몸으로 지은 죄들을 회개합시다.

> 주께서 곤고한 백성은 구원하시고
> 교만한 눈은 낮추시리이다 (18:27)

의로운 다윗은 도망자 신세였고, 악한 사울은 왕궁에서 권세를 누렸습니다. 이처럼 의인들은 어려움을 겪고, 악인들은 형통할 때가 있습니다. 하지만 그것은 영원하지 않습니다. 결국에는 의인들이 형통하고, 악인들은 심판을 받습니다. 하나님은 의로운 자기 백성을 보호하시고, 악한 자들을 벌하시는 분입니다. 하나님은 반드시 교만한 자들을 낮추십니다.

묵상

왜 다윗은 하나님을 요새이며 방패라고 노래했습니까?

_____

_____

_____

다윗이 어려운 순간마다 하나님의 도움을 받을 수 있었던
이유는 무엇입니까?

_____

_____

_____

기도

자기 백성을 사랑하시는 하나님. 자기 백성을 지키시는 하나
님. 저희가 어려움을 당할 때마다 저희와 함께하시고, 저희를
어려움에서 건져 주세요. 악을 멀리하고 선을 가까이하게 해
주세요. 예수님의 이름으로 기도합니다. 아멘.

여호와는 나의 목자시니
내게 부족함이 없으리로다

시편 23편 | 찬송가 257장. 마음에 가득한 의심을 깨치고

> 여호와는 나의 목자시니
> 내게 부족함이 없으리로다 (23:1)

양은 고집이 센 동물입니다. 양은 자신을 방어할 힘이 없는 동물입니다. 양은 겁이 많은 동물입니다. 그래서 양에게는 목자가 필요합니다. 우리도 마찬가지입니다. 연약하고 미련하고 죄 많은 우리에게는 반드시 목자가 필요합니다. 우리의 목자는 하나님이십니다. 하나님은 우리에게 필요한 것을 공급해 주시는 목자입니다. 하나님은 우리를 구원하기 위해 아들을 십자가에 내어 주신 선한 목자이십

니다.

> 그가 나를 푸른 풀밭에 누이시며
> 쉴 만한 물가로 인도하시는도다
> 내 영혼을 소생시키고
> 자기 이름을 위하여 의의 길로 인도하시는도다 (23:2-3)

양은 시력이 좋지 않습니다. 양은 푸른 풀밭이 어디에 있는지 알지 못합니다. 그래서 양은 목자의 인도를 잘 따라야 합니다. 그래야 푸른 풀밭을 만날 수 있습니다. 우리도 마찬가지입니다. 어떤 선택을 해야 하는지, 어떤 삶을 살아야 하는지 우리는 알지 못합니다. 그래서 우리는 하나님의 말씀을 묵상해야 합니다. 말씀에서 길을 찾아야 합니다. 그래야만 푸른 풀밭을 만날 수 있습니다. 하나님께서 원하시는 삶을 살 수 있습니다.

> 내가 사망의 음침한 골짜기로 다닐지라도
> 해를 두려워하지 않을 것은 주께서 나와 함께 하심이라
> 주의 지팡이와 막대기가 나를 안위하시나이다 (23:4)

양은 자신을 방어할 무기가 없습니다. 사자는 날카로운 이빨이 있고, 곰은 날카로운 발톱이 있지만, 양은 무방비 상태입니다. 하지만 목자 곁에 있는 양은 걱정이 없습니다. 목자가 지팡이와 막대기를 가지고 양을 위해 싸워 주기 때문입니다. 목자는 지팡이를 가지고 양을 바른 길로 인도하며, 막대기를 가지고 사나운 짐승과 싸웁니다. 우리도 마찬가지입니다. 우리는 미련하고 연약합니다. 하지만 하나님께서 우리와 함께하시기에 걱정할 것 없습니다. 하나님은 크

신 능력과 지혜로 우리를 보호해 주십니다.

> 주께서 내 원수의 목전에서
> 내게 상을 차려 주시고
> 기름을 내 머리에 부으셨으니
> 내 잔이 넘치나이다 (23:5)

목자는 양을 안전한 길로 인도합니다. 그런데 때로는 사망의 음침한 골짜기로 양을 인도하기도 합니다. 그 이유는 사망의 음침한 골짜기 너머에 '상'이 있기 때문입니다. 여기서 상은 밥상을 말하고, 양의 밥상은 푸른 풀밭을 말합니다. 하나님께서 우리에게 고난을 주시는 이유도 마찬가지입니다. 하나님께서 우리에게 고난을 주시는 이유는 고난 너머에 하나님께서 예비하신 축복이 있기 때문입니다.

> 내 평생에 선하심과 인자하심이
> 반드시 나를 따르리니
> 내가 여호와의 집에 영원히 살리로다 (23:6)

사람의 마음은 쉽게 변합니다. 사랑하다가도 미워하고, 친구였다가도 원수가 됩니다. 하나님은 그렇지 않습니다. 하나님은 변하지 않으십니다. 우리를 향한 하나님의 선하심과 인자하심은 평생 변하지 않습니다.

묵상

우리의 목자는 누구입니까?

_____

_____

_____

하나님께서 우리에게 고난을 주시는 이유는 무엇입니까?

_____

_____

_____

_____

기도

하나님. 목자가 자기 양을 바른길로 인도하는 것처럼, 하나님께서 저희를 바른길로 인도하실 줄 믿습니다. 하나님의 인도를 잘 따라가게 해 주세요. 선한 목자이신 주님을 믿고 의지하게 해 주세요. 예수님의 이름으로 기도합니다. 아멘.

13주

여호와는 나의 빛이요
나의 구원이시니

시편 27편 | 찬송가 258장. 샘물과 같은 보혈은

> 여호와는 나의 빛이요 나의 구원이시니
> 내가 누구를 두려워하리요 (27:1)

수많은 대적이 다윗에게 몰려오고 있었습니다. 하지만 다윗은 두려워하지 않았습니다. 하나님이 다윗의 빛과 구원이 되셨기 때문입니다. 빛과 구원은 하나님의 도움을 의미합니다. 다윗은 하나님께서 자신을 도와주실 것을 알았습니다. 우리도 깜깜한 어둠 속에 거할 때가 있습니다. 어디로 가야 하는지, 무엇을 해야 하는지 알 수 없는 때가 있습니다. 그때 우리는 빛이신 하나님을 찾아야 합니다. 그러면 하나님께서 우리 삶에 빛을 비추어 주실 것입니다. 우리가 어디로 가야 하는지, 우리가 무엇을 해야 하는지 알려 주실 것입니다.

> 악인들이 내 살을 먹으려고 내게로 왔으나
> 나의 대적들, 나의 원수들인 그들은
> 실족하여 넘어졌도다 (27:2)

하나님은 다윗의 기대를 저버리지 않았습니다. 하나님은 실제로 다윗을 도와주셨습니다. 하나님은 다윗을 공격하던 악인들이 실족하여 넘어지게 하셨습니다. 아마 다윗의 대적들은 제대로 된 공격 한 번 해보지 못하고, 스스로 자멸한 것 같습니다. 우리를 두렵게 하는 것들이 많습니다. 그때마다 하나님이 우리와 함께하신다는 것을 믿어야 합니다. 하나님께서 우리를 위해 일하신다는 것을 믿어야 합니다. 그러면 다윗처럼 평안을 누릴 수 있습니다.

> 내가 여호와께 바라는 한 가지 일 그것을 구하리니
> 곧 내가 내 평생에 여호와의 집에 살면서
> 여호와의 아름다움을 바라보며
> 그의 성전에서 사모하는 그것이라 (27:4)

다윗의 소원은 단지 전쟁에서 승리하는 것이 아니었습니다. 다윗의 소원은 성전에서 하나님을 예배하는 것이었습니다. 아마 다윗은 전쟁 때문에 성전을 찾을 수 없었던 것 같습니다. 다윗은 계속되는 전쟁 때문에 성전에서 하나님을 예배할 수 없었던 것 같습니다. 다윗이 전쟁에서 승리하기를 원했던 이유는 예배 때문이었습니다. 우리의 소원은 무엇입니까? 우리도 하나님을 예배하기를, 예배를 통해 하나님과 교제하기를 간절히 원하고 있습니까?

> 내 부모는 나를 버렸으나
> 여호와는 나를 영접하시리이다 (27:10)

흔히 사람들은 부모의 사랑보다 더 큰 사랑은 없다고 말합니다. 사실이 아닙니다. 부모의 사랑보다 더 큰 사랑이 있습니다. 바로 하나님의 사랑입니다. 다윗은, 부모는 나를 떠났지만 하나님은 나를 떠나지 않았다고 말합니다. 부모의 사랑보다 하나님의 사랑이 더 크다는 뜻입니다. 우리를 향한 하나님의 사랑은 그 무엇과도 비교할 수 없는 사랑입니다. 우리는 이렇게 크고 놀라운 사랑을 받고 있습니다.

묵상

왜 다윗은 수많은 대적이 몰려올 때도
두려워하지 않았습니까?

_____

_____

_____

_____

다윗이 전쟁에서 승리하기 원했던 이유는 무엇입니까?

_____

_____

_____

_____

기도

하나님. 저희를 두렵게 하는 문제들이 많습니다. 그때마다 하
나님을 의지하여 두려움을 이기게 해 주세요. 하나님의 사랑
을 굳게 믿어 평안을 누리게 해 주세요. 예수님의 이름으로 기
도합니다. 아멘.

내가 여호와를 기다리고 기다렸더니

시편 40편 | 찬송가 259장. 예수 십자가에 흘린 피로써

> 내가 여호와를 기다리고 기다렸더니
>
> 귀를 기울이사
>
> 나의 부르짖음을 들으셨도다 (40:1)

다윗은 힘들고 어려운 순간에 하나님께 기도했습니다. 하지만 하나님은 즉각 응답하지 않으셨습니다. 다윗은 하나님의 응답을 기다리고 기다려야 했습니다. 우리도 마찬가지입니다. 우리는 힘들고 어려울 때 하나님께 기도합니다. 그런데 하나님의 응답은 즉각 나타나지 않을 때가 많습니다. 그래서 우리도 다윗처럼 기다려야 합니다. 다윗처럼 하나님의 응답을 오래오래 기다려야 합니다.

> 나를 기가 막힐 웅덩이와
> 수렁에서 끌어올리시고
> 내 발을 반석 위에 두사
> 내 걸음을 견고하게 하셨도다 (40:2)

다윗은 하나님을 기다리고 기다렸습니다. 때가 되어 하나님은 다윗의 기도에 응답하셨습니다. 하나님은 다윗을 위험한 상황에서 건지셨고, 안전한 장소로 옮기셨습니다. 우리도 마찬가지입니다. 기다리고 기다리면 언젠가는 반드시 하나님께서 응답하실 것입니다. 우리의 기다림은 막연한 기다림이 아닙니다. 우리의 기다림은 응답이 보장된 기다림입니다.

> 새 노래 곧 우리 하나님께 올릴 찬송을
> 내 입에 두셨으니
> 많은 사람이 보고 두려워하여
> 여호와를 의지하리로다 (40:3)

다윗은 하나님의 도움을 받은 후에, 하나님을 찬양했습니다. 다윗은 어려울 때만 하나님을 찾고, 어려움이 사라지면 하나님을 잊어버리는 사람이 아니었습니다. 다윗은 어려울 때는 기도했고, 기도가 응답된 다음에는 찬양했습니다. 우리도 다윗을 본받아야 합니다. 어려울 때는 기도하고, 기도가 응답된 다음에는 찬양해야 합니다. 기도와 찬양이 우리 삶에서 끊이지 않아야 합니다.

> 나는 가난하고 궁핍하오나
> 주께서는 나를 생각하시오니
> 주는 나의 도움이시요 나를 건지시는 이시라
> 나의 하나님이여 지체하지 마소서 (40:17)

왜 다윗은 어려운 순간마다 하나님의 도움을 구했을까요? 다윗은 가난하고 궁핍한 사람이었기 때문입니다. 이 말은 다윗이 여러모로 부족했다는 뜻입니다. 우리도 마찬가지입니다. 우리는 여러모로 부족한 사람입니다. 우리는 가난하고 궁핍한 사람입니다. 그래서 우리는 혼자 힘으로 살 수 없습니다. 반드시 하나님의 도움을 받아야 합니다. 혹시 하나님 없이 살 수 있다고 생각하지 않습니까? 기도 없이 살 수 있다고 생각하지 않습니까? 우리는 모두 가난하고 궁핍한 존재입니다. 하나님 없이, 기도 없이, 한순간도 살 수 없습니다.

묵상

다윗은 기도가 응답된 다음에는 무엇을 했습니까?

_____

_____

_____

_____

왜 다윗은 어려운 순간마다 하나님의 도움을 구했습니까?

_____

_____

_____

_____

기도

하나님. 다윗은 하나님을 기다리고 기다렸습니다. 다윗은 기다림 끝에 하나님의 응답을 받았습니다. 저희도 끝까지 하나님을 기다리게 해 주세요. 포기하지 않고 기도하게 해 주세요. 예수님의 이름으로 기도합니다. 아멘.

15주

하나님이여 주의 인자를 따라
내게 은혜를 베푸시며

시편 51편 | 찬송가 260장. 우리를 죄에서 구하시려

> 하나님이여 주의 인자를 따라
> 내게 은혜를 베푸시며
> 주의 많은 긍휼을 따라
> 내 죄악을 지워 주소서 (51:1)

하나님은 어떤 분이십니까? 하나님은 우리 죄를 용서해 주시는 분입니다. 하나님은 우리가 죄를 짓지 않기를 원하시지만, 동시에 우리의 연약함도 아십니다. 우리가 죄를 지었을 때, 하나님은 우리를 긍휼히 여기시고 용서해 주십니다. 하나님은 우리가 죄를 지었을 때

조차, 인자하고 자비로운 분이십니다.

> 무릇 나는 내 죄과를 아오니
> 내 죄가 항상 내 앞에 있나이다 (51:3)

우리는 다른 사람의 죄에 민감하게 반응합니다. 다른 사람이 죄를 지었을 때는 쉽게 판단하고 정죄합니다. 하지만 자기 죄에는 둔감하게 반응합니다. 죄를 쉽게 생각하면서 반복해서 죄를 짓습니다. 우리가 민감하게 반응할 것은 다른 사람의 죄가 아니라 우리 자신의 죄입니다. 다른 사람의 죄를 보려고 노력할 것이 아니라, 우리 자신의 죄를 보려고 노력해야 합니다. 다른 사람을 판단할 것이 아니라, 우리 자신을 먼저 판단해야 합니다.

> 내게 즐겁고 기쁜 소리를 들려 주시사
> 주께서 꺾으신 뼈들도
> 즐거워하게 하소서 (51:8)

하나님은 죄인에게 벌을 내리십니다. 죄를 지은 사람은 하나님의 징계를 받습니다. 다윗도 마찬가지였습니다. 다윗은 죄를 지었기에 하나님의 징계를 받았습니다. 그리고 큰 고통을 겪었습니다. 그래서 다윗은 기도했습니다. 고통을 거두시고, 기쁨을 달라고 기도했습니다. 우리는 다윗이 기도하는 모습 속에서 두 가지를 발견할 수 있습니다. 첫째, 죄는 하나님의 심판과 고통을 가져옵니다. 둘째, 회개는 하나님의 용서와 기쁨을 가져옵니다.

> 하나님께서 구하시는 제사는 상한 심령이라
>
> 하나님이여 상하고 통회하는 마음을
>
> 주께서 멸시하지 아니하시리이다 (51:17)

하나님은 상한 심령을 원하십니다. "상한 심령"이란 아픈 마음을 의미합니다. 죄 지은 것을 슬퍼하고 아파하는 마음을 의미합니다. 우리가 죄 지은 것을 슬퍼하고 아파하면서 하나님께 나아가면, 하나님은 우리를 기꺼이 받아 주십니다. 하나님은 상한 심령으로 회개하는 자를 멀리하지 않으십니다. 하지만 하나님은 형식적으로 회개하는 사람을 멀리하십니다. 하나님은 자기 죄를 슬퍼하지 않고 습관적으로 죄를 짓는 사람은 용서하지 않으십니다.

묵상

하나님께 죄를 짓는 사람에게는 어떤 일이 일어납니까?

_____

_____

_____

하나님께 회개하는 사람에게는 어떤 일이 일어납니까?

_____

_____

_____

기도

하나님. 다윗은 죄로 인해 하나님의 징계를 받았습니다. 죄로 인해 큰 고통을 겪었습니다. 저희가 죄를 짓지 않게 하시고, 죄를 지었을 때는 죄를 슬퍼하고 아파하며 진심으로 회개하게 해 주세요. 예수님의 이름으로 기도합니다. 아멘.

할렐루야 그의 성소에서
하나님을 찬양하며

시편 150편 | 찬송가 262장. 날 구원하신 예수님

> 할렐루야
> 그의 성소에서 하나님을 찬양하며
> 그의 권능의 궁창에서 그를 찬양할지어다 (150:1)

찬양은 선택이 아니라 필수입니다. 하나님을 찬양하는 일은 우리의 사명입니다. 우리는 불평하는 말 대신 하나님 찬양하는 말을 해야 합니다. 우리는 헛된 사랑 노래 대신 하나님의 거룩하신 사랑을 노래해야 합니다. 우리는 무의미한 대중가요 대신 하나님을 찬양하는 노래를 불러야 합니다.

> 그의 능하신 행동을 찬양하며
> 그의 지극히 위대하심을 따라
> 찬양할지어다 (150:2)

우리는 하나님의 전능하신 행동을 찬양해야 합니다. 우리는 하나님의 위대하심을 찬양해야 합니다. 그러기 위해서는 하나님을 잘 알아야 합니다. 하나님께서 하신 일을 잘 알아야 하고, 하나님의 성품을 잘 알아야 합니다. 그래야 하나님을 올바르게 찬양할 수 있습니다. 그러므로 우리는 하나님을 알기 위해 노력해야 합니다. 연예인과 아이돌을 알기 위해 노력할 것이 아니라, 하나님을 알기 위해 노력해야 합니다. 연예 기사가 아니라 하나님의 말씀을 보기 위해 노력해야 합니다.

> 나팔 소리로 찬양하며
> 비파와 수금으로 찬양할지어다
> 소고 치며 춤 추어 찬양하며
> 현악과 퉁소로 찬양할지어다
> 큰 소리 나는 제금으로 찬양하며
> 높은 소리 나는 제금으로 찬양할지어다 (150:3-5)

시인은 다양한 악기로 하나님을 찬양하라고 합니다. 하나님을 찬양하기 위해 최선을 다하라는 뜻입니다. 하나님을 찬양하는 일은 대충해서는 안 됩니다. 우리의 재능과 실력을 최대한 발휘해야 합니다. 혹시 하나님 찬양하는 일을 대충대충 하고 있지 않습니까? 대중가요 부르듯이 하나님을 찬양하고 있지 않습니까?

> 호흡이 있는 자마다
> 여호와를 찬양할지어다
> 할렐루야 (150:6)

누가 하나님을 찬양해야 합니까? 호흡이 있는 사람입니다. 다시 말해서 살아 있는 모든 사람은 하나님을 찬양해야 합니다. 우리가 사는 내내 하나님을 찬양해야 합니다. 혹시 찬송가를 얼마나 알고 있습니까? 대중가요는 잘 알면서, 찬송가는 잘 모르지 않습니까? 우리가 최선을 다해서 불러야 할 노래는 대중가요가 아니라, 하나님을 찬양하는 노래입니다. 우리가 평생 불러야 할 노래는 하나님을 찬양하는 노래입니다.

묵상

왜 시인은 다양한 악기로 하나님을 찬양하라고 합니까?

_____

_____

_____

누가 하나님을 찬양해야 합니까?

_____

_____

_____

_____

기도

하나님. 하나님은 찬양받기 합당하십니다. 저희가 사는 동안
쉬지 않고 하나님을 찬양하게 해 주세요. 저희의 말과 행동이
하나님을 높이고 드러내는 찬양이 되게 해 주세요. 예수님의
이름으로 기도합니다. 아멘.

일주일에 한 번,
온 가족 말씀 동행 프로젝트

잠언

17주

여호와를 경외하는 것이
지식의 근본이거늘

잠언 1장 | 찬송가 267장. 주의 확실한 말씀 듣고

> 여호와를 경외하는 것이
> 지식의 근본이거늘 (1:7a)

가장 중요한 지식은 무엇일까요? 하나님에 관한 지식입니다. 영어를 아는 지식도 중요하고, 수학을 아는 지식도 중요하지만, 그보다 중요한 것은 하나님을 아는 지식입니다. 그래서 우리는 하나님을 알기 위해 노력해야 합니다. 국어와 영어를 잘하기 위해 노력하는 것만큼, 하나님을 잘 알기 위해 노력해야 합니다.

> 미련한 자는 지혜와 훈계를
> 멸시하느니라 (1:7b)

어떤 사람이 미련한 사람일까요? 지혜를 멸시하는 사람입니다. 하나님의 말씀을 잘 모르는 사람입니다. 하나님의 말씀을 몰라서 자기 생각대로 살아가는 사람입니다. 하나님의 뜻대로 살지 않고 자기 생각대로 살면, 반드시 어려움을 겪게 됩니다. 그래서 자기 생각대로 사는 사람은 미련한 사람입니다. 우리는 어떤 사람입니까? 자기 생각대로 살아가는 미련한 사람입니까, 하나님 뜻대로 살아가는 지혜로운 사람입니까?

> 내 아들아 네 아비의 훈계를 들으며
> 네 어미의 법을 떠나지 말라 (1:8)

부모에게는 자녀에게 말씀을 가르칠 의무가 있습니다. 자녀에게는 부모에게 말씀을 배울 의무가 있습니다. 그래서 자녀에게 말씀을 가르치지 않는 부모는 미련한 사람입니다. 부모에게 말씀을 배우지 않으려고 하는 자녀는 미련한 사람입니다. 우리는 어떤 사람입니까? 말씀을 가르치고 배우는 지혜로운 사람입니까, 말씀을 멀리하는 미련한 사람입니까?

> 내 아들아 악한 자가
> 너를 꾈지라도 따르지 말라 (1:10)

부모에게는 배워야 하고, 악인에게는 배우지 말아야 합니다. 부모가 가르쳐 주는 말씀은 잘 배워야 하지만, 악인들이 가르쳐 주는 처

세술은 배우지 말아야 합니다. 우리는 반대로 할 때가 많습니다. 부모의 지혜로운 가르침은 싫어하고, 친구들의 악한 가르침은 좋아할 때가 많습니다. 우리는 부모에게 배워야 합니다. 부모가 가르쳐 주는 지혜의 말씀을 배워야 합니다.

> 내 아들아 그들과 함께 길에 다니지 말라
> 네 발을 금하여 그 길을 밟지 말라 (1:15)

우리는 타락한 본성을 가지고 있습니다. 그래서 친구들이 악한 것을 함께 하자고 말할 때, 흥미를 가지기 쉽습니다. 하지만 성경은 악인들과 함께하지 말라고 말합니다. 우리에게 악한 것을 같이 하자고 말하는 사람이 있다면, 앞으로는 함께 있는 것조차 피해야 합니다.

> 그들이 가만히 엎드림은 자기의 피를 흘릴 뿐이요
> 숨어 기다림은 자기의 생명을 해할 뿐이니 (1:18)

악인들의 삶은 즐거워 보입니다. 하지만 악인들의 결말은 비참하며 그들의 삶은 반드시 멸망으로 끝납니다. 의인들의 삶은 고리타분해 보입니다. 하지만 의인들의 결말은 아름다우며 그들의 삶은 반드시 형통으로 끝납니다.

묵상

가장 중요한 지식은 무엇입니까?

_____

_____

_____

_____

어떤 사람이 미련한 사람입니까?

_____

_____

_____

_____

기도

하나님. 가장 중요한 지식은 하나님을 아는 지식입니다. 하나님을 알기 위해 더욱더 노력하게 해 주세요. 누구보다 하나님을 잘 아는 지혜로운 사람이 되게 해 주세요. 예수님의 이름으로 기도합니다. 아멘.

지식이 네 영혼을 즐겁게 할 것이요

잠언 2장 | 찬송가 268장. 죄에서 자유를 얻게 함은

> 내 아들아 네가 만일 나의 말을 받으며
> 나의 계명을 네게 간직하며 네 귀를 지혜에 기울이며
> 네 마음을 명철에 두며 지식을 불러 구하며
> 명철을 얻으려고 소리를 높이며 은을 구하는 것같이
> 그것을 구하며 감추어진 보배를 찾는 것 같이 그것을 찾으면
> 여호와 경외하기를 깨달으며 하나님을 알게 되리니 (2:1-5)

우리는 지혜로운 사람이 되어야 합니다. 지혜로운 사람이 되기 위해서는 하나님의 말씀을 들어야 합니다. 하나님의 말씀을 마음에 간직해야 합니다. 하나님의 말씀을 자주 찾아야 합니다. 하나님은 말씀

을 사랑하는 사람에게 지혜를 주십니다.

> 그는 정직한 자를 위하여 완전한 지혜를 예비하시며
> 행실이 온전한 자에게 방패가 되시나니 (2:7)

하나님은 어떤 사람에게 지혜를 주실까요? 하나님은 정직한 사람과 행실이 온전한 사람에게 지혜를 주십니다. 세상 사람들은 쉽게 거짓을 말하고, 자주 악을 행합니다. 우리는 그들과 같지 않아야 합니다. 우리는 세상 사람들과 다르게 살아야 합니다. 정직하게, 온전하게 살아야 합니다. 그러면 하나님의 지혜가 우리를 지켜 줄 것입니다.

> 곧 지혜가 네 마음에 들어가며 지식이
> 네 영혼을 즐겁게 할 것이요 근신이 너를 지키며
> 명철이 너를 보호하여 악한 자의 길과 패역을
> 말하는 자에게서 건져 내리라 (2:10-12)

지혜는 우리의 마음을 즐겁게 합니다. 지혜는 우리를 지켜 줍니다. 지혜는 악한 자에게서 우리를 건져 줍니다. 그러므로 우리는 지혜를 얻기 위해 힘써야 합니다. 하나님의 말씀을 듣고 읽어서 지혜로운 사람이 되어야 합니다.

> 지혜가 또 너를 음녀에게서,
> 말로 호리는 이방 계집에게서 구원하리니 (2:16)

성적인 유혹만큼 강력한 것은 없습니다. 너무나도 많은 사람이 성적인 유혹에 넘어가서, 성적인 죄를 짓고 있습니다. 성적인 유혹을 이기려면, 지혜로운 사람이 되어야 합니다. 지혜가 우리를 성적인 유혹에서 지켜 줄 것입니다.

> 대저 정직한 자는 땅에 거하며
> 완전한 자는 땅에 남아 있으리라
> 그러나 악인은 땅에서 끊어지겠고
> 간사한 자는 땅에서 뽑히리라 (2:21-22)

악을 행하는 사람들도 성공할 수 있습니다. 선을 행하는 사람들도 실패할 수 있습니다. 하지만 악인의 형통함은 영원하지 않습니다. 결국에는 하나님의 심판을 받습니다. 마찬가지로 의인의 실패도 영원하지 않습니다. 결국에는 하나님의 영광에 들어갑니다. 잠깐의 성공을 위해 영원한 기쁨을 포기하지 말아야 합니다.

묵상

지혜로운 사람이 되기 위해서는 무엇을 해야 합니까?

_____

_____

_____

_____

하나님은 어떤 사람에게 지혜를 주십니까?

_____

_____

_____

_____

기도

하나님. 지혜가 그 어떤 것보다 좋은 것임을 배웠습니다. 저희가 지혜를 얻기 위해 힘쓰게 하시고, 세상의 유혹을 이길 수 있도록 지혜로운 삶을 살게 해 주세요. 하나님의 말씀을 더욱 사랑하게 해 주세요. 예수님의 이름으로 기도합니다. 아멘.

19주

네 재물과 네 소산물의 처음 익은 열매로 여호와를 공경하라

잠언 3장 | 찬송가 270장. 변찮는 주님의 사랑과

> 내 아들아 나의 법을 잊어버리지 말고
> 네 마음으로 나의 명령을 지키라 그리하면
> 그것이 네가 장수하여 많은 해를 누리게 하며
> 평강을 더하게 하리라 (3:1-2)

말씀을 읽고, 말씀대로 사는 것은 손해처럼 여겨지기도 합니다. 말씀을 보지 않고 자기 마음대로 사는 것이 더 좋은 것처럼 생각되기도 합니다. 하지만 하나님은 말씀대로 사는 자에게 장수와 평강을 주십니다. 하나님의 말씀은 우리를 괴롭게 하지 않고, 진정한 행복으로 안내합니다.

> 인자와 진리가 네게서 떠나지 말게 하고
> 그것을 네 목에 매며 네 마음판에 새기라
> 그리하면 네가 하나님과 사람 앞에서
> 은총과 귀중히 여김을 받으리라 (3:3-4)

누구나 다른 사람에게 칭찬을 받고 싶어 합니다. 다른 사람의 존경을 받고 싶어 합니다. 어떻게 하면 주위 사람들에게 칭찬과 존경을 받을 수 있을까요? 하나님의 말씀대로 살아가는 것입니다. 하나님의 말씀대로 주위 사람들에게 행하는 것입니다. 그러면 하나님은 우리가 주위 사람들에게 칭찬과 존경을 받게 하실 것입니다.

> 너는 마음을 다하여 여호와를 신뢰하고
> 네 명철을 의지하지 말라
> 너는 범사에 그를 인정하라
> 그리하면 네 길을 지도하시리라 (3:5-6)

인생은 길을 걷는 것과 같습니다. 때로는 험한 길을 만나기도 하고, 때로는 갈림길을 만나기도 합니다. 그때는 너무 힘들어서 멈춰 서고 싶은 마음이 들기도 합니다. 우리는 그때마다 하나님의 도움을 구해야 합니다. 우리 자신의 능력을 의지하지 않고, 하나님의 능력을 의지해야 합니다. 그러면 하나님께서 우리의 발걸음을 지도해 주실 것입니다.

> 스스로 지혜롭게 여기지 말지어다
>
> 여호와를 경외하며 악을 떠날지어다
>
> 이것이 네 몸에 양약이 되어
>
> 네 골수를 윤택하게 하리라 (3:7–8)

스스로 지혜롭게 여기는 사람은 하나님께 기도하지 않습니다. 하나님께 기도하는 대신 자기 힘으로 모든 문제를 해결하려고 합니다. 그러면 결국 몸과 마음이 병들게 됩니다. 스스로 지혜롭게 여기지 않는 사람은 하나님께 기도합니다. 자기 힘으로 모든 문제를 해결하려고 하지 않고, 하나님의 도움을 받으려고 합니다. 그러면 근심이 사라지고, 몸과 마음이 건강해지게 됩니다.

> 네 재물과 네 소산물의 처음 익은 열매로
>
> 여호와를 공경하라
>
> 그리하면 네 창고가 가득히 차고
>
> 네 포도즙 틀에 새 포도즙이 넘치리라 (3:9–10)

하나님께 가장 좋은 것을 드리는 것이 지혜입니다. 하나님께 정직하게 헌금하는 것이 지혜입니다. 하나님은 그런 사람에게 복을 주십니다. 창고가 가득 차게 하시고, 열매가 가득하게 하십니다. 하나님을 가장 사랑하는 사람을 하나님도 가장 사랑하십니다.

묵상

하나님은 어떤 사람에게 장수와 평강을 주십니까?

_____

_____

_____

하나님은 어떤 사람이 칭찬과 존경을 받게 하십니까?

_____

_____

_____

기도

하나님. 하나님은 지혜로운 사람에게 장수와 평강을, 칭찬과
존경을, 성공과 번영을 주십니다. 지혜로운 사람이 되게 해 주
세요. 지혜로운 생각과 말과 행동을 하게 해 주세요. 예수님의
이름으로 기도합니다. 아멘.

악인의 길로 다니지 말지어다

잠언 4장 | 찬송가 273장. 나 주를 멀리 떠났다.

> 아들들아 아비의 훈계를 들으며
> 명철을 얻기에 주의하라
> 내가 선한 도리를 너희에게 전하노니
> 내 법을 떠나지 말라
> 나도 내 아버지에게 아들이었으며
> 내 어머니 보기에 유약한 외아들이었노라
> 아버지가 내게 가르쳐 이르기를 내 말을 네 마음에 두라
> 내 명령을 지키라 그리하면 살리라 (4:1-4)

다윗은 솔로몬을 가르쳤고, 솔로몬은 다윗에게 배웠습니다. 이처럼
가정은 지혜를 전수하는 곳입니다. 부모는 자녀에게 지혜를 가르치

기 위해 노력해야 하고, 자녀는 부모에게 지혜를 배우기 위해 노력해야 합니다. 가정은 신앙과 지혜를 전수하는 곳입니다.

> 지혜를 얻으며 명철을 얻으라
> 내 입의 말을 잊지 말며 어기지 말라
> 지혜를 버리지 말라
> 그가 너를 보호하리라
> 그를 사랑하라 그가 너를 지키리라 (4:5-6)

세상 사람들은 실력과 재산이 가장 중요하다고 생각합니다. 실력이 있고, 재산이 있어야 행복하고 안전한 인생을 살 수 있다고 생각합니다. 하지만 성경은 지혜가 우리를 보호한다고 말합니다. 지혜가 우리를 안전하게 지켜 준다고 말합니다. 실력을 쌓는 것도 중요하고, 돈을 모으는 것도 중요합니다. 하지만 지혜를 쌓는 것은 더 중요합니다.

> 내가 지혜로운 길을 네게 가르쳤으며
> 정직한 길로 너를 인도하였은즉 다닐 때에
> 네 걸음이 곤고하지 아니하겠고
> 달려갈 때에 실족하지 아니하리라 (4:11-12)

정직하게 사는 것이 지혜입니다. 속임수를 사용하지 않고, 거짓말을 하지 않는 것이 지혜입니다. 다른 사람을 속이지 않고, 다른 사람을 해롭게 하지 않는 것이 지혜입니다. 하나님은 정직한 자에게 복을 주십니다. 하나님은 정직한 자에게 힘을 주시고, 정직한 자가 넘어지지 않게 하십니다.

> 사악한 자의 길에 들어가지 말며
> 악인의 길로 다니지 말지어다
> 그의 길을 피하고 지나가지 말며
> 돌이켜 떠나갈지어다 (4:14-15)

악인과 함께 걷지 않는 것이 지혜입니다. 악인의 길로 다니지 않는 것이 지혜입니다. 악인을 피하는 것이 지혜입니다. 주위에 악을 행하는 자들이 있습니까? 불법을 행하면서도 부끄러워하지 않는 자들이 있습니까? 그들과 함께 있지 말아야 합니다. 그들과 같은 길을 걷지 말아야 합니다. 그들을 피해야 합니다.

> 모든 지킬 만한 것 중에 더욱 네 마음을 지키라
> 생명의 근원이 이에서 남이니라 (4:23)

마음을 지키는 것이 지혜입니다. 우리는 자주 보는 것을 마음으로 생각합니다. 따라서 마음을 지키기 위해서는 보는 것을 조심해야 합니다. 폭력적인 것, 음란한 것, 자극적인 것을 피해야 합니다. 건전한 것, 유익한 것을 보아야 합니다.

묵상

하나님은 우리 가정이 어떤 곳이 되기를 원하십니까?

_____

_____

_____

_____

하나님은 정직한 자에게 어떤 복을 주십니까?

_____

_____

_____

_____

기도

하나님. 하나님은 정직한 사람과 마음이 깨끗한 사람을 사랑
하십니다. 정직하고 깨끗한 사람이 되게 해 주세요. 하나님을
기쁘게 하는 사람이 되게 해 주세요. 예수님의 이름으로 기도
합니다. 아멘.

21주

너는 네 우물에서 물을 마시며
네 샘에서 흐르는 물을 마시라

잠언 5장 | 찬송가 284장. 오랫동안 모든 죄 가운데 빠져

> 대저 음녀의 입술은 꿀을 떨어뜨리며
> 그의 입은 기름보다 미끄러우나
> 나중은 쑥 같이 쓰고
> 두 날 가진 칼 같이 날카로우며
> 그의 발은 사지로 내려가며
> 그의 걸음은 스올로 나아가나니 (5:3-5)

성적으로 거룩하게 사는 것이 지혜입니다. 성적인 유혹에 넘어가지 않는 것이 지혜입니다. 음란한 동영상, 음란한 사이트, 음란한 영화, 음란한 만화, 음란한 글을 멀리하는 것이 지혜입니다. 성적으로

타락한 삶의 끝은 멸망입니다. 하나님께 인정받기 원한다면 반드시 성적으로 거룩한 사람이 되어야 합니다.

> 너는 네 우물에서 물을 마시며
> 네 샘에서 흐르는 물을 마시라 (5:15)

우물과 샘은 배우자를 의미합니다. 자기 우물과 자기 샘에서 물을 마시라는 것은 배우자하고만 성관계를 가지라는 뜻입니다. 결혼하지 않고 성관계를 하거나, 배우자가 아닌 사람과 성관계를 하는 것은 하나님께 죄를 짓는 일입니다.

> 대저 사람의 길은 여호와의 눈 앞에 있나니
> 그가 그 사람의 모든 길을 평탄하게 하시느니라 (5:21)

하나님께서 보신다는 사실을 아는 것이 지혜입니다. 사람의 길은 하나님의 눈앞에 있습니다. 하나님은 모든 것을 보십니다. 우리가 숨어서 성적인 죄를 지을 때도 하나님은 보십니다. 하나님께 숨길 수 있는 죄는 없습니다. 성적인 죄도 마찬가지입니다. 하나님은 우리가 은밀히 지은 성적인 죄를 드러내실 것입니다. 하나님은 우리가 은밀히 행한 성적인 범죄를 심판하실 것입니다.

> 그는 훈계를 받지 아니함으로 말미암아 죽겠고
> 심히 미련함으로 말미암아 혼미하게 되느니라 (5:23)

성경은 성적인 유혹을 피하라고 말합니다. 성경은 성적인 죄가 비참한 결과를 가져온다고 말합니다. 하지만 사람들은 하나님의 말씀을 중요하게 생각하지 않습니다. 하나님의 가르침보다 자신의 욕망과

쾌락을 더 중요하게 생각합니다. 기억하십시오. 하나님의 훈계를 받는 것이 지혜입니다. 성적으로 거룩하게 사는 것이 지혜입니다. 음란한 세상 문화에 물들지 않는 것이 지혜입니다.

묵상

성적으로 타락한 사람은 결국 어떻게 됩니까?

_____

_____

_____

_____

자기 우물을 마시라는 것은 어떤 뜻입니까?

_____

_____

_____

_____

기도

하나님. 하나님은 저희가 성적으로 거룩하기를 원하십니다.
그것이 지혜라고 말씀하십니다. 그러니 저희가 성적으로 거룩
하게 살게 해 주세요. 결혼하여 가정을 이루기 전까지 순결함
을 지키게 해 주세요. 예수님의 이름으로 기도합니다. 아멘.

22주

개미에게 가서 그가 하는 것을 보고 지혜를 얻으라

잠언 6장 | 찬송가 286장. 주 예수님 내 맘에 오사

> 내 아들아 네가 만일 이웃을 위하여
> 담보하며 타인을 위하여 보증하였으면
> 네 입의 말로 네가 얽혔으며
> 네 입의 말로 인하여 잡히게 되었느니라 (6:1-2)

보증을 서지 않는 것이 지혜입니다. 이 말은 자기 능력을 넘어서는 책임을 지지 말라는 뜻입니다. 예를 들어 백만 원을 버는 사람이라면, 백만 원의 책임만 져야 합니다. 백만 원을 버는 사람이 천만 원의 책임을 지려고 해서는 안 됩니다. 누군가를 도우려는 마음을 갖

는 것은 좋은 일입니다. 하지만 자기 능력 안에서 도와야 합니다.

> 게으른 자여 개미에게 가서
> 그가 하는 것을 보고 지혜를 얻으라
> 개미는 두령도 없고 감독자도 없고 통치자도 없으되
> 먹을 것을 여름 동안에 예비하며 추수 때에
> 양식을 모으느니라 (6:6–8)

미리미리 준비하는 것이 지혜입니다. 그런 점에서 개미는 훌륭한 선생님입니다. 개미는 여름 동안에 겨울에 먹을 양식을 준비하기 때문입니다. 시험이 다가오기 전에 미리 준비해야 합니다. 과제 제출일이 되기 전에 미리 준비해야 합니다. 어려움이 찾아오기 전에 미리 준비해야 합니다. 신앙도 마찬가지입니다. 영적으로 허약해지기 전에 미리 준비해야 합니다. 하나님의 심판이 임하기 전에 미리 준비해야 합니다.

> 여호와께서 미워하시는 것
> 곧 그의 마음에 싫어하시는 것이 예닐곱 가지이니
> 곧 교만한 눈과 거짓된 혀와 무죄한 자의 피를 흘리는 손과
> 악한 계교를 꾀하는 마음과 빨리 악으로 달려가는 발과
> 거짓을 말하는 망령된 증인과 및
> 형제 사이를 이간하는 자이니라 (6:16–19)

하나님께서 미워하시는 행동들이 있습니다. 이 행동들의 공통점은 다른 사람에게 피해를 준다는 것입니다. 하나님은 이웃을 해롭게 하는 사람을 미워하시고 심판하십니다. 따라서 이웃을 사랑하는 것이

지혜입니다. 이웃에게 도움을 주는 것이 지혜입니다. 자기를 희생하고, 이웃을 유익하게 하는 것이 지혜입니다.

> 사람이 불을 품에 품고서야 어찌 그의 옷이 타지 아니하겠으며
> 사람이 숯불을 밟고서야 어찌 그의 발이 데지 아니하겠느냐
> 남의 아내와 통간하는 자도 이와 같을 것이라
> 그를 만지는 자마다 벌을 면하지 못하리라 (6:27-29)

만약 사람이 불을 품고 있다면, 반드시 그의 옷이 불에 탈 것입니다. 만약 사람이 숯불을 발로 밟는다면 반드시 그의 발이 화상을 입을 것입니다. 성적인 죄도 마찬가지입니다. 성적인 죄를 짓는 사람은 반드시 비참한 일을 당합니다. 성적인 죄는 우리를 망하게 합니다. 성적으로 거룩하게 사는 것이 지혜입니다.

묵상

보증을 서지 말라는 것은 어떤 뜻입니까?

_____

_____

_____

_____

왜 개미에게 배워야 합니까?

_____

_____

_____

_____

_____

기도

하나님. 하나님은 이웃을 사랑하라고 하셨습니다. 이웃을 사
랑하되, 이웃에게 피해를 주지 않게 해 주세요. 이웃을 유익하
게 하는 삶을 살게 해 주세요. 예수님의 이름으로 기도합니다.
아멘.

내 아들아 내 말을 지키며
내 계명을 간직하라

잠언 7장 | 찬송가 288장. 예수로 나의 구주 삼고

> 내 아들아 내 말을 지키며 내 계명을 간직하라 /
> 그리하면 이것이 너를 지켜서 음녀에게,
> 말로 호리는 이방 여인에게 빠지지 않게 하리라 (7:1, 5)

어떻게 하면 음란한 삶이 아니라, 거룩한 삶을 살 수 있을까요? 성경은 다음과 같이 말합니다. "내 계명을 간직하라." 이 말씀처럼 거룩한 삶을 사는 비결은 하나님의 말씀을 마음에 간직하는 것입니다. 하나님의 말씀에는 능력이 있습니다. 하나님의 말씀은 우리를 영적으로 강하게 합니다. 그래서 하나님의 말씀을 마음에 간직한 사람은

세상의 유혹을 이길 수 있습니다. 하나님의 말씀으로 무장한 사람은 어두운 세상에서 빛으로 살 수 있습니다.

> 어리석은 자 중에, 젊은이 가운데에
> 한 지혜 없는 자를 보았노라 그가 거리를 지나
> 음녀의 골목 모퉁이로 가까이 하여
> 그의 집쪽으로 가는데 (7:7-8)

한 청년이 등장합니다. 이 청년은 지혜 없는 사람으로 소개됩니다. 왜 이 청년은 지혜로운 사람이 아니라, 미련한 사람이라는 평가를 받을까요? 이 청년이 음란한 여인에게 가까이 가고 있기 때문입니다. 음란한 여인을 가까이하면 유혹을 받기 쉽습니다. 음란한 여인과 가까워질수록 성적인 죄를 짓기 쉽습니다. 그래서 이 청년을 미련하다고 하는 것입니다. 따라서 우리는 세상 문화에 너무 물들지 않아야 합니다. 음란한 세상 문화를 너무 가까이하지 말아야 합니다.

> 그때에 기생의 옷을 입은 간교한 여인이 그를 맞으니…
> 어떤 때에는 거리, 어떤 때에는 광장
> 또 모퉁이마다 서서 사람을 기다리는 자라 (7:10-12)

마침 음란한 여자가 미련한 청년을 맞이합니다. 주목할 것은 음란한 여자가 청년을 맞이한 장소입니다. 음란한 여자는 집이 아니라, 거리에서 청년을 맞이했습니다. 이것은 사탄이 어디서나 우리를 유혹한다는 뜻입니다. 성적인 유혹은 장소를 가리지 않는다는 뜻입니다. 실제로 성적인 타락은 장소를 가리지 않습니다. 마치 공기처럼 세상을 가득 채우고 있습니다. 성적인 유혹으로부터 안전한 장소는 없습니다.

> 젊은이가 곧 그를 따랐으니
> 소가 도수장으로 가는 것 같고
> 미련한 자가 벌을 받으려고
> 쇠사슬에 매이러 가는 것과 같도다
> 필경은 화살이 그 간을 뚫게 되리라
> 새가 빨리 그물로 들어가되
> 그의 생명을 잃어버릴 줄을
> 알지 못함과 같으니라 (7:22-23)

성적인 죄를 짓는 사람은 도살장으로 끌려가는 소나, 감옥으로 향하
는 사람과 같습니다. 성적인 죄를 짓는 사람은 반드시 비참한 결말
을 맞이합니다. 성적인 죄를 짓고 무사할 수는 없습니다. 따라서 성
적으로 거룩하게 사는 것이 지혜입니다. 세상의 음란한 문화를 멀리
하는 것이 지혜입니다. 성적으로 타락한 사람들을 가까이하지 않는
것이 지혜입니다.

묵상

성적으로 거룩한 삶을 사는 비결은 무엇입니까?

_____

_____

_____

_____

음녀가 거리에서 청년을 맞이한 것은 무엇을 뜻합니까?

_____

_____

_____

_____

기도

하나님. 성적인 타락은 마치 공기처럼 세상을 가득 채우고 있습니다. 저희가 이 악한 세상에서, 음란한 문화를 멀리하고 성적으로 거룩한 삶을 살 수 있도록 도와주세요. 음란의 유혹으로부터 승리할 수 있도록 도와주세요. 예수님의 이름으로 기도합니다. 아멘.

24주

지혜가 부르지 아니하느냐

잠언 8장 | 찬송가 289장. 주 예수 내 맘에 들어와

> 지혜가 부르지 아니하느냐 명철이
> 소리를 높이지 아니하느냐(8:1)

사탄이 우리를 강력하게 유혹하는 것처럼, 하나님도 우리를 강하게 부르십니다. 지혜로운 삶을 살라고 강하게 요청하십니다. 성적인 유혹은 반드시 우리를 망하게 합니다. 하지만 지혜로운 삶은 우리를 안전한 길로 인도합니다. 하나님의 은혜와 사랑이 있는 곳으로 인도합니다. 우리는 결정해야 합니다. 성적인 유혹에 넘어가서 비참한 인생을 살 것인지, 지혜로운 삶을 살아서 하나님께서 주시는 은혜를 누릴 것인지를 결정해야 합니다.

> 어리석은 자들아 너희는 명철할지니라
>
> 미련한 자들아 너희는 마음이 밝을지니라 (8:5)

하나님은 특히 어리석은 자들과 미련한 자들에게 강하게 요청하십니다. 성적으로 타락한 삶을 버리고, 지혜로운 삶을 살라고 하십니다. 누가 어리석고 미련한 사람일까요? 바로 우리가 어리석고 미련한 사람입니다. 하나님은 우리에게 강하게 명령하십니다. 성적으로 거룩한 삶을, 지혜로운 삶을 살라고 하십니다. 지금 당장 하나님의 명령에 순종합시다.

> 너희는 들을지어다
>
> 내가 가장 선한 것을 말하리라
>
> 내 입술을 열어 정직을 내리라 (8:6)

어떻게 미련한 사람과 지혜로운 사람을 구분할 수 있을까요? 말하는 것을 보면 구분할 수 있습니다. 음란한 말, 거짓된 말, 속이는 말, 놀리는 말을 하는 사람은 미련한 사람입니다. 반대로 거룩한 말, 정직한 말, 칭찬과 공감의 말을 하는 사람은 지혜로운 사람입니다. 우리가 하는 말이 곧 우리 자신입니다.

> 너희가 은을 받지 말고 나의 훈계를 받으며
>
> 정금보다 지식을 얻으라
>
> 대저 지혜는 진주보다 나으므로 원하는 모든 것을
>
> 이에 비교할 수 없음이니라 (8:10-11)

세상 사람들은 돈을 가장 중요하게 생각합니다. 항상 돈을 생각하고, 돈을 얻기 위해 수단과 방법을 가리지 않습니다. 하지만 성경은

금은보석보다 지혜가 더 중요하다고 말합니다. 따라서 우리는 지혜를 가장 중요하게 생각해야 합니다. 항상 지혜를 생각하고, 지혜를 얻기 위해 노력해야 합니다. 지혜로운 사람이 되기 위해 최선을 다해야 합니다.

> 나를 사랑하는 자들이 나의 사랑을 입으며
> 나를 간절히 찾는 자가 나를 만날 것이니라
> 부귀가 내게 있고 장구한 재물과 공의도
> 그러하니라 (8:17-18)

돈을 벌기 위해 수단과 방법을 가리지 않는 사람들이 있습니다. 남에게 피해를 주면서까지 부자가 되려는 사람들이 있습니다. 그들은 결국 멸망할 것입니다. 하나님이 그들을 심판할 것이기 때문입니다. 하지만 지혜로운 자들은 필요한 것을 얻을 것입니다. 하나님께서 그들을 사랑하시기 때문입니다. 하나님께로부터 저주와 심판을 받는 미련한 사람이 아니라, 하나님의 사랑과 축복을 받는 지혜로운 사람으로 살아갑시다.

묵상

어떻게 미련한 사람과 지혜로운 사람을 구분할 수 있습니까?

_____

_____

_____

_____

금은보석보다 더 중요한 것은 무엇입니까?

_____

_____

_____

_____

기도

하나님. 세상에서 가장 소중한 것은 지혜입니다. 지혜로운 사람은 하나님의 사랑을 받고, 하나님께서 주시는 좋은 것들을 누립니다. 저희가 지혜로운 사람으로 변화되게 해 주세요. 지혜로운 사람이 되기 위해 최선을 다하게 해 주세요. 예수님의 이름으로 기도합니다. 아멘.

지혜 있는 자에게 교훈을 더하라

잠언 9장 | 찬송가 240장. 우리는 주님을 늘 배반하나

> 지혜가 그의 집을 짓고 일곱 기둥을 다듬고
> 짐승을 잡으며 포도주를 혼합하여 상을 갖추고
> 자기의 여종을 보내어 성중 높은 곳에서 불러 이르기를
> 어리석은 자는 이리로 돌이키라 또 지혜 없는 자에게 이르기를
> 너는 와서 내 식물을 먹으며 내 혼합한 포도주를 마시고
> 어리석음을 버리고 생명을 얻으라
> 명철의 길을 행하라 하느니라 (9:1-6)

잠언 저자는 지혜를 의인화하고 있습니다. 지혜가 집을 짓고, 잔치를 준비한 후에, 사람들을 초대합니다. 특히 미련한 자들을 초대합니다. 여기서 미련한 자들은 바로 우리를 의미합니다. 하나님은 우

리가 어리석은 삶을 버리고, 지혜로운 삶을 살기 원하십니다.

> 거만한 자를 징계하는 자는 도리어 능욕을 받고
> 악인을 책망하는 자는 도리어 흠이 잡히느니라
> 거만한 자를 책망하지 말라 그가 너를 미워할까 두려우니라
> 지혜 있는 자를 책망하라 그가 너를 사랑하리라 (9:7-8)

거만한 사람을 가르치거나 책망하지 말라고 합니다. 거만한 사람은 가르침과 책망을 싫어하기 때문입니다. 따라서 다른 사람의 가르침을 잘 받는 것이 지혜입니다. 누군가가 우리를 책망할 때 기분 나빠 하지 않는 것이 지혜입니다. 우리는 어떠합니까? 가르침과 책망을 잘 받고 있습니까? 특히 부모님의 가르침과 책망을 잘 받고 있습니까?

> 지혜 있는 자에게 교훈을 더하라
> 그가 더욱 지혜로워질 것이요
> 의로운 사람을 가르치라
> 그의 학식이 더하리라
> 여호와를 경외하는 것이 지혜의 근본이요
> 거룩하신 자를 아는 것이 명철이니라
> 나 지혜로 말미암아 네 날이 많아질 것이요
> 네 생명의 해가 네게 더하리라 (9:9-11)

지혜로운 자를 가르치라고 합니다. 지혜로운 자는 자신의 부족함을 인정하고, 가르침을 잘 받을 것이기 때문입니다. 자신이 많이 안다고 생각하고 배우지 않는 사람은 미련한 자요, 자신이 부족하다고

생각하고 계속해서 배우는 사람은 지혜로운 사람입니다. 우리는 특히 하나님에 관하여 배워야 합니다. 하나님에 관한 지식이 가장 중요한 지식이기 때문입니다.

> 미련한 여인이 /
> 도둑질한 물이 달고 몰래 먹는 떡이
> 맛이 있다 하는도다 (9:13, 17)

앞에서 지혜가 의인화되어 등장한 것처럼, 이제는 미련함이 의인화되어 등장합니다. 미련한 여인은 도둑질한 물이 달고, 몰래 먹는 떡이 맛이 있다고 합니다. 둘 다 욕심에 사로잡힌 것을 의미합니다. 욕심에 사로잡힌 사람은 훔쳐서라도 원하는 것을 가지려 하고, 좋은 것은 혼자서 독차지하려고 합니다. 하지만 그 길 끝에는 하나님의 심판이 있습니다. 욕심대로 사는 인생은 참으로 미련한 인생입니다.

묵상

거만한 사람과 지혜로운 사람의 차이점은 무엇입니까?

_____

_____

_____

_____

지혜로운 사람은 계속해서 배우는 사람입니다.
우리는 특히 무엇을 배워야 합니까?

_____

_____

_____

_____

기도

하나님. 저희는 항상 무언가를 선택해야 합니다. 저희가 어리
석은 선택을 하지 않고, 지혜로운 선택을 할 수 있도록 도와주
세요. 하나님에 관하여 더 많이 알게 해 주세요. 예수님의 이름
으로 기도합니다. 아멘.

26주

지혜로운 아들은 아비를
기쁘게 하거니와

잠언 10장 | 찬송가 292장. 주 없이 살 수 없네

> 솔로몬의 잠언이라 지혜로운 아들은
>
> 아비를 기쁘게 하거니와
>
> 미련한 아들은 어미의 근심이니라 (10:1)

부모를 기쁘게 하는 것이 지혜입니다. 부모를 근심시키지 않는 것이 지혜입니다. 부모의 자녀로 태어난 것은 우연이 아닙니다. 하나님의 섭리입니다. 따라서 부모에게 순종하는 것은 하나님의 뜻에 순종하는 것입니다. 하나님의 말씀을 어기는 일이 아니라면, 부모의 가르침에 순종해야 합니다. 부모의 뜻을 따라야 합니다.

> 손을 게으르게 놀리는 자는 가난하게 되고
> 손이 부지런한 자는 부하게 되느니라 (10:4)

부지런함이 지혜입니다. 성실함이 지혜입니다. 맡겨진 일을 열심히 하는 것이 지혜입니다. 세상은 적게 일하고 많이 버는 것을 지혜라고 하고, 땀 흘리지 않는 것이 지혜라고 합니다. 하지만 하나님의 뜻은 자기 일을 부지런하게 하는 것입니다. 맡겨진 일을 최선을 다해서 하는 것입니다. 땀 흘리며 성실하게 사는 것입니다.

> 의인의 입은 생명의 샘이라도
> 악인의 입은 독을 머금었느니라
> 미움은 다툼을 일으켜도
> 사랑은 모든 허물을 가리느니라 (10:11-12)

생명을 살리는 말을 하는 것이 지혜입니다. 사랑하는 말을 하는 것이 지혜입니다. 상대방의 실수를 가려 주는 것이 지혜입니다. 세상은 말로 상처를 줍니다. 세상은 말로 다툼을 일으킵니다. 우리는 하나님의 뜻대로 말해야 합니다. 상대방을 칭찬하고, 상대방을 높여 주고, 상대방을 살려 주는 말을 해야 합니다.

> 지혜로운 자는 지식을 간직하거니와
> 미련한 자의 입은 멸망에 가까우니라 (10:14)

지혜로운 사람은 지식을 간직합니다. 많이 안다고 많은 말을 하는 것은 지혜가 아닙니다. 꼭 필요한 말을, 꼭 필요한 상황에서, 꼭 필요한 만큼만 하는 것이 지혜입니다.

> 말이 많으면 허물을 면하기 어려우나
> 그 입술을 제어하는 자는 지혜가 있느니라 (10:19)

말이 많으면 실수하기 쉽습니다. 생각 없이 말하다 보면 실수하기 마련입니다. 그러므로 말을 적게 해야 합니다. 말을 적게 하는 것이 지혜입니다.

> 악인에게는 그의 두려워하는 것이 임하거니와
> 의인은 그 원하는 것이 이루어지느니라 (10:24)

악을 행하는 사람들이 두려워하는 것이 있습니다. 자신들의 행동이 드러나는 것과 심판을 받는 것입니다. 하나님은 그들이 두려워하는 일이 일어나게 하실 것입니다. 죄가 드러나고, 심판이 임하게 하실 것입니다. 의인들이 원하는 것이 있습니다. 하나님께서 지켜보시고 하나님께서 상을 주시는 것입니다. 하나님은 의인들이 원하는 일이 일어나게 하실 것입니다. 의인들의 행동에 합당한 상을 주실 것입니다.

묵상

지혜로운 말은 어떤 말입니까?

_____

_____

_____

_____

우리는 지혜로운 말과 어리석은 말 중에
어떤 말을 자주 합니까?

_____

_____

_____

_____

기도

하나님. 살리는 말이 있고, 죽이는 말이 있습니다. 저희는 살리는 말을 하게 해 주세요. 상대방을 기분 좋게 하는 말, 상대방을 칭찬하는 말, 상대방을 높여 주는 말을 하게 해 주세요. 예수님의 이름으로 기도합니다. 아멘.

27주

속이는 저울은 여호와께서 미워하시나

잠언 11장 | 찬송가 295장. 큰 죄에 빠진 나를

> 속이는 저울은 여호와께서 미워하시나
> 공평한 추는 그가 기뻐하시느니라 (11:1)

"속이는 저울"은 상대방을 속여서 이익을 얻는 것을 말합니다. "공평한 추"는 정직하게 일하는 것을 말합니다. 상대방을 속이면 쉽게 돈을 벌 수 있습니다. 하지만 우리는 그런 방법을 사용해서는 안 됩니다. 상대방을 속이는 일은 하나님께서 미워하시는 일이기 때문입니다. 하나님은 공평한 추를 기뻐하십니다. 따라서 정직하게 일하는 것이 지혜입니다. 상대방을 속이지 않는 것이 지혜입니다. 약속을 지키는 것이 지혜입니다.

> 교만이 오면 욕도 오거니와
> 겸손한 자에게는 지혜가 있느니라 (11:2)

교만은 스스로 높이는 것을 말합니다. 스스로 자랑하는 것을 말합니다. 하지만 성경은 교만한 자가 욕을 먹는다고 말합니다. 교만한 자는 높아지지 않고, 도리어 낮아진다는 뜻입니다. 따라서 겸손이 지혜입니다. 스스로 낮추는 것이 지혜입니다. 스스로 자랑하지 않는 것이 지혜입니다. 자신의 부족함을 아는 것이 지혜입니다. 자신을 낮추고 상대방을 높이는 것이 지혜입니다.

> 지혜 없는 자는 그의 이웃을 멸시하나
> 명철한 자는 잠잠하느니라 (11:12)

이웃을 멸시하는 자는 지혜 없는 자입니다. 이웃을 험담하는 자는 미련한 자입니다. 따라서 이웃에 대해서는 잠잠한 것이 지혜입니다. 특히 이웃의 부정적인 면은 말하지 않는 것이 지혜입니다. 정확하게 알지 못하고, 일부만 아는 사건은 침묵하는 것이 지혜입니다.

> 인자한 자는 자기의 영혼을 이롭게 하고
> 잔인한 자는 자기의 몸을 해롭게 하느니라 (11:17)

잔인한 자는 자기의 몸을 해롭게 하는 자라고 합니다. 다른 사람에게 피해를 주는 사람은 결국 자기 자신도 피해를 입는다는 뜻입니다. 따라서 다른 사람에게 친절한 것이 지혜입니다. 다른 사람을 배려하는 것이 지혜입니다. 어려운 이웃을 돕는 것이 지혜입니다. 이웃에게 꼭 필요한 사람이 되는 것이 지혜입니다.

> 흩어 구제하여도 더욱 부하게 되는 일이 있나니
>
> 과도히 아껴도 가난하게 될 뿐이니라
>
> 구제를 좋아하는 자는 풍족하여질 것이요
>
> 남을 윤택하게 하는 자는
>
> 자기도 윤택하여지리라 (11:24-25)

절약하는 사람도 가난하게 될 수 있다고 합니다. 이것은 어려운 이웃을 돌보지 않고, 자기 자신만 챙기는 경우를 말하는 것입니다. 그러므로 어려운 이웃을 돕는 것이 지혜입니다. 여러 사람에게 나누어 주는 것이 지혜입니다. 힘써 구제하는 것이 지혜입니다. 하나님은 자신의 물질을 아낌없이 나누는 사람들에게 더 많은 물질을 주실 것입니다.

묵상

교만한 사람은 결국 어떻게 됩니까?

_____

_____

_____

_____

절약하는 사람이 가난하게 된다는 것은 어떤 뜻입니까?

_____

_____

_____

기도

하나님. 하나님은 정직하고 성실한 사람을 기뻐하신다고 하셨습니다. 저희가 불법을 사용하거나, 게으르게 살지 않도록 도와주세요. 자만하지 않고 땀 흘려 성실하게 살아가게 해 주세요. 이웃에게 도움이 되고 필요한 사람이 되게 해 주세요. 예수님의 이름으로 기도합니다. 아멘.

사람의 부귀는 부지런한 것이니라

잠언 12장 | 찬송가 301장. 지금까지 지내온 것

> 악인의 말은 사람을 엿보아
> 피를 흘리자 하는 것이거니와
> 정직한 자의 입은 사람을 구원하느니라
> 악인은 엎드러져서 소멸되려니와
> 의인의 집은 서 있으리라 (12:6-7)

악인들은 자신의 이익을 위해서라면, 다른 사람의 피를 흘리는 일도 서슴지 않습니다. 악인들은 다른 사람을 밟고 일어서서라도 부와 권력을 쟁취하려고 합니다. 하지만 하나님은 도리어 악인들이 소멸되게 하실 것입니다. 악인들이 이룬 모든 것이 물거품이 되게 하실 것입니다. 그러므로 다른 사람을 돕는 것이 지혜입니다. 다른 사람에게 친절한 것이 지혜입니다. 자신을 희생하고, 다른 사람을 섬기는 것이 지혜입니다.

> 비천히 여김을 받을지라도 종을 부리는 자는
> 스스로 높은 체하고도 음식이 핍절한 자보다
> 나으니라 (12:9)

허영심을 경고하는 말씀입니다. 허영심이란 자신을 자랑하기 위해 필요 이상의 돈을 사용하는 것을 말합니다. 예를 들어 부자처럼 보이기 위해 비싼 핸드백을 구매하거나, 멋있어 보이기 위해 고가의 자동차를 구매하는 것을 말합니다. 허영심을 채우기 위해 돈을 지출하는 것은 지혜가 아닙니다. 가난한 자를 돕기 위해 돈을 사용하는 것이 지혜입니다. 적당한 수준의 물건을 구매하는 것이 지혜입니다. 꼭 필요한 만큼만 구입하는 것이 지혜입니다.

> 미련한 자는 자기 행위를 바른 줄로 여기나
> 지혜로운 자는 권고를 듣느니라 (12:15)

자기 행위를 바른 줄로 여기는 사람은 미련한 사람입니다. 자신의 단점을 보지 못하는 사람, 자신을 항상 옳다고 여기는 사람은 미련한 사람입니다. 따라서 다른 사람의 충고를 들을 줄 아는 것이 지혜입니다. 자신의 단점을 지적하는 말도 기분 나빠하지 않고 듣는 것이 지혜입니다.

> 미련한 자는 당장 분노를 나타내거니와
> 슬기로운 자는 수욕을 참느니라 (12:16)

쉽게 화내는 사람은 미련한 사람입니다. 자신의 감정을 조절하지 못하고, 쉽게 흥분하는 사람은 미련한 사람입니다. 화가 난다고 폭언을 하거나, 기분이 나쁘다고 상대방을 모욕하는 사람은 미련한 사람입니다. 따라서 화를 참는 것이 지혜입니다. 자신의 감정을 조절하는 것이 지혜입니다. 화가 나는 상황에서도 침묵할 줄 아는 것, 기분 나쁜 일을 겪어도 절제할 줄 아는 것이 지혜입니다.

> 게으른 자는 그 잡을 것도 사냥하지 아니하나니
> 사람의 부귀는 부지런한 것이니라 (12:27)

일하지 않고 쉬는 사람이 많다고 합니다. 일자리가 부족하기도 하지만, 땀 흘려 성실하게 사는 것을 부정적으로 보는 현상 때문이기도 합니다. 사람들은 직업의 좋고 나쁨을 따지지만, 하나님 앞에서는 좋고 나쁜 직업이 없습니다. 예수님은 이 땅에서 목수로 사셨습니다. 주어진 일을 부지런하게 하는 것이 지혜입니다. 사람들의 시선을 따지지 않고, 정직하게 사는 것이 지혜입니다.

묵상

우리에게 허영심이 있지는 않습니까?

_____

_____

_____

예수님이 목수로 사신 것이 우리에게 주는 교훈은
무엇입니까?

_____

_____

_____

기도

하나님. 세상은 적게 일하고 많이 벌려고 합니다. 저희는 소득
이 적더라도 정직하고 성실하게 일하는 사람이 되게 해 주세
요. 돈 때문에 이웃에게 피해를 주거나, 부자가 되려고 남을 속
이지 않게 해 주세요. 예수님의 이름으로 기도합니다. 아멘.

29주

지혜로운 아들은
아비의 훈계를 들으나

잠언 13장 | 찬송가 304장. 그 크신 하나님의 사랑

> 지혜로운 아들은 아비의 훈계를 들으나
> 거만한 자는 꾸지람을 즐겨 듣지 아니하느니라 (13:1)

미련한 사람은 꾸지람을 받아들이지 않습니다. 그래서 자신의 부족함을 고치지 못합니다. 미련한 사람은 더 나아지기는커녕, 점점 더 나빠집니다. 반대로 지혜로운 사람은 훈계를 잘 받아들입니다. 훈계를 듣고 자신의 단점을 개선합니다. 그래서 지혜로운 사람은 점점 더 지혜로워집니다. 부모의 훈계를 잘 듣는 것이 지혜입니다.

> 사람은 입의 열매로 인하여 복록을 누리거니와
> 마음이 궤사한 자는 강포를 당하느니라
> 입을 지키는 자는 자기의 생명을 보전하나
> 입술을 크게 벌리는 자에게는 멸망이 오느니라 (13:2-3)

사람은 입 때문에 성공하기도 하고 실패하기도 합니다. 입 때문에 흥하기도 하고 망하기도 합니다. 입을 잘 사용하면 축복을 받고, 입을 잘못 사용하면 저주를 받습니다. 입을 잘 사용하는 것이 지혜입니다.

> 게으른 자는 마음으로 원하여도 얻지 못하나
> 부지런한 자의 마음은 풍족함을 얻느니라 (13:4)

게으른 자는 원하는 것을 얻지 못한다고 합니다. 게으른 자는 노력 없이 무언가를 얻으려고 하는 사람입니다. 공부하지 않고 좋은 성적을 얻으려고 하거나, 노력하지 않고 꿈을 이루려고 하는 사람은 게으른 사람입니다. 물론 게으른 사람도 무언가를 얻을 수 있습니다. 하지만 노력 없이 얻은 것은 쉽게 사라지고 맙니다. 그래서 부지런함이 지혜입니다. 자기 일에 최선을 다하는 것이 지혜입니다. 목표를 이루기 위해 성실하게 사는 것이 지혜입니다.

> 소원을 성취하면 마음에 달아도 미련한 자는
> 악에서 떠나기를 싫어하느니라 (13:19)

소원을 성취하려면 어떻게 해야 할까요? 먼저 악에서 떠나야 합니다. 하나님은 의인의 기도에 응답하시고, 선한 자에게 복을 주시기 때문입니다. 하지만 미련한 자는 악에서 떠나기를 싫어합니다. 죄를 짓는 것이 주는 쾌락 때문입니다. 만약 우리가 잠시 잠깐 누리는 쾌락 때문에 악에서 떠나기를 싫어한다면, 하나님께서 주시는 축복을 받지 못할 것입니다. 그러므로 악에서 떠나는 것이 지혜입니다. 정결하고 거룩한 삶을 사는 것이 지혜입니다.

> 지혜로운 자와 동행하면 지혜를 얻고
> 미련한 자와 사귀면 해를 받느니라 (13:20)

우리는 알게 모르게 곁에 있는 사람에게 배웁니다. 함께 있는 사람의 말과 행동을 따라 하고, 심지어 생각과 사고가 비슷해지기도 합니다. 그래서 누구와 함께 있는가가 중요합니다. 지혜로운 자와 동행하면 지혜를 얻고, 미련한 자와 사귀면 함께 멸망하게 됩니다. 지혜로운 사람을 가까이하는 것이 지혜입니다. 신실한 사람과 동행하는 것이 지혜입니다.

묵상

왜 미련한 사람은 점점 더 나빠집니까?

_____

_____

_____

소원을 성취하려면, 먼저 무엇을 해야 합니까?

_____

_____

_____

_____

기도

하나님. 세상은 쉽게 목표를 이루려고 합니다. 하지만 세상에 쉽게 얻을 수 있는 것은 없습니다. 저희는 땀 흘려 성실하게 살게 해 주세요. 꿈을 이루기 위해 최선을 다하게 해 주세요. 하나님이 기뻐하시는 삶을 사는 지혜로운 사람이 되게 해 주세요. 예수님의 이름으로 기도합니다. 아멘.

30주

지혜로운 여인은 자기 집을 세우되

잠언 14장 | 찬송가 305장. 나 같은 죄인 살리신

> 지혜로운 여인은 자기 집을 세우되
> 미련한 여인은 자기 손으로
> 그것을 허느니라 (14:1)

지혜로운 사람은 자기 집을 세운다고 합니다. 가정의 중요성을 강조하는 말입니다. 세상 사람들은 여러 가지 이유로 가정을 소홀히 합니다. 직장 때문에 가정을 소홀히 하고, 학업 때문에 가정을 소홀히 합니다. 하지만 우리는 가정을 세우기 위해 노력해야 합니다. 직장이나 학업 때문에 가정을 소홀히 해서는 안 됩니다. 행복한 가정을 만들기 위해 노력하는 것이 지혜입니다.

> 소가 없으면 구유는 깨끗하려니와
> 소의 힘으로 얻는 것이 많으니라 (14:4)

소를 키우는 것은 힘든 일입니다. 하지만 힘들다고 소를 키우지 않으면, 소가 주는 혜택을 전혀 누릴 수 없습니다. 인생도 마찬가지입니다. 힘들다고 공부하지 않으면, 좋은 점수를 얻을 수 없습니다. 힘들다고 일하지 않으면, 필요한 돈을 벌 수 없습니다. 힘들다고 사랑하지 않으면, 상대방에게 사랑받을 수도 없습니다. 원하는 결과를 얻기 위해, 최선을 다하는 것이 지혜입니다.

> 웃을 때에도 마음에 슬픔이 있고
> 즐거움의 끝에도 근심이 있느니라 (14:13)

웃을 때에도 마음에 슬픔이 있다고 합니다. 웃고 있는 사람에게도, 깊은 슬픔이 있을 수 있다는 뜻입니다. 그래서 우리는 사람을 쉽게 판단해서는 안 됩니다. 상대방이 어떤 처지에 있는지 알 수 없으니, 말을 가려서 해야 합니다. 우리가 무심코 던진 한마디가 상대방에게는 큰 상처가 될 수 있습니다. 어떤 상황에서도 말을 신중하게 하는 것이 지혜입니다.

> 가난한 자는 이웃에게도 미움을 받게 되나
> 부요한 자는 친구가 많으니라 (14:20)

가난한 자는 이웃에게 미움을 받는다고 합니다. 가난한 사람은 세상에서 차별을 받는다는 뜻입니다. 부요한 자는 친구가 많다고 합니다. 부유한 사람은 세상에서 귀중한 대접을 받는다는 뜻입니다. 하지만 예수님은 가난한 사람들을 차별하지 않으셨습니다. 오히려 가난한 사람들을 더 가까이하셨습니다. 우리도 예수님처럼 살아야 합니다. 세상에서 소외된 사람들을 가까이해야 합니다. 사회적 약자들에게 친절해야 합니다.

> 지혜로운 자의 재물은 그의 면류관이요
> 미련한 자의 소유는 다만 미련한 것이니라 (14:24)

돈은 그 자체로 복이 되지 않습니다. 돈을 잘 사용하면 복이 되지만, 돈을 잘못 사용하면 저주가 될 수 있습니다. 부자가 되는 것보다 지혜로운 사람이 되는 것이 더 중요합니다. 돈을 달라고 기도하기 전에, 지혜를 달라고 기도합시다.

> 여호와를 경외하는 자에게는
> 견고한 의뢰가 있나니
> 그 자녀들에게 피난처가 있으리라 (14:26)

하나님을 경외하는 사람은 안전합니다. 하나님께서 그들을 지켜 주시기 때문입니다. 그들의 자녀들도 안전합니다. 부모의 모습을 본받아서 하나님을 경외할 것이기 때문입니다. 하나님을 경외하는 것이 지혜입니다. 하나님을 경외하는 자녀로 양육하는 것이 지혜입니다.

묵상

세상 사람들은 가난한 자를 어떻게 대우합니까?

_____

_____

_____

예수님은 가난한 자들을 어떻게 대하셨습니까?

_____

_____

_____

기도

하나님. 예수님은 가난한 사람들을 가까이하셨습니다. 그들을 살피시고 도우셨습니다. 저희도 예수님처럼 세상에서 차별받는 사람들을 멀리하지 않고 가까이하며, 그들을 도우면서 살아가게 해 주세요. 예수님의 이름으로 기도합니다. 아멘.

유순한 대답은 분노를 쉬게 하여도

잠언 15장 | 찬송가 309장. 목마른 내 영혼

> 유순한 대답은 분노를 쉬게 하여도
> 과격한 말은 노를 격동하느니라 /
> 온순한 혀는 곧 생명 나무이지만
> 패역한 혀는 마음을 상하게 하느니라 (15:1, 4)

분노를 쉬게 하는 말이 있고, 분노를 일으키는 말이 있습니다. 마음을 기쁘게 하는 말이 있고, 마음을 상하게 하는 말이 있습니다. 우리는 어떤 말을 해야 할까요? 분노를 쉬게 하는 말, 마음을 기쁘게 하는 말을 해야 합니다. 잠언은 유독 말을 강조합니다. 말이 그 사람의 정체를 드러내기 때문입니다. 미련한 말을 하는 사람이 곧 미련한 사람이고, 지혜로운 말을 하는 사람이 곧 지혜로운 사람입니다. 말이 곧 우리 자신입니다.

> 가산이 적어도 여호와를 경외하는 것이
> 크게 부하고 번뇌하는 것보다 나으니라 (15:16)

돈에 인생이 달려 있다고 믿는 사람은 항상 불안할 것입니다. 돈이라는 것은 있다가도 사라지고 많다가도 줄어들기 때문입니다. 하지만 하나님께 인생이 달려 있다고 믿는 사람은 항상 평안할 것입니다. 하나님은 변함이 없으시기 때문입니다. 우리는 어떠합니까? 혹시 돈에 인생이 달려 있다고 생각하지 않습니까? 하나님보다 돈을 더 중요하게 생각하지 않습니까?

> 고난받는 자는 그날이 다 험악하나
> 마음이 즐거운 자는
> 항상 잔치하느니라 (15:15)

고난이 없을 수는 없습니다. 인간의 일생에는 항상 고난이 있습니다. 그리고 고난은 슬픔을 동반합니다. 그렇다면 우리는 평생 슬프게 살아야 할까요? 아닙니다. 우리는 고난 중에도 즐거워할 수 있습니다. 첫째, 고난에도 하나님의 뜻이 있다고 믿어야 합니다. 둘째, 언젠가는 고난이 떠날 것을 믿어야 합니다. 셋째, 하나님께서 고난을 견딜 힘을 주신다고 믿어야 합니다. 이 세 가지를 기억한다면, 우리는 고난 중에도 즐거울 수 있습니다.

> 악한 꾀는 여호와께서 미워하시나
> 선한 말은 정결하니라
> 이익을 탐하는 자는 자기 집을 해롭게 하나
> 뇌물을 싫어하는 자는 살게 되느니라 (15:26-27)

세상 사람들은 수단과 방법을 가리지 않고 성공하려고 합니다. 성공을 위해 악한 방법을 사용하고, 불법적인 뇌물을 사용하기도 합니다. 하지만 하나님은 "악한 꾀"와 '뇌물'을 싫어하십니다. 악한 방법을 사용하는 자들은 결국 하나님의 심판을 받을 것입니다. 하지만 올바른 방법을 사용하는 자들은 당장은 손해를 보는 것처럼 보이지만, 결국에는 하나님의 복을 받을 것입니다.

묵상

잠언은 무엇이 우리의 정체를 드러낸다고 말합니까?

_____

_____

_____

고난 중에도 즐거워하는 비결은 무엇입니까?

_____

_____

_____

_____

기도

하나님. 말이 우리가 어떤 사람인지를 드러냅니다. 말이 곧 우리 자신입니다. 저희가 항상 지혜로운 말을 하게 해 주세요. 칭찬하는 말, 격려하는 말, 위로하는 말을 하게 해 주세요. 예수님의 이름으로 기도합니다. 아멘.

너의 행사를 여호와께 맡기라

잠언 16장 | 찬송가 310장. 아 하나님의 은혜로

> 마음의 경영은 사람에게 있어도
> 말의 응답은 여호와께로부터
> 나오느니라 (16:1)

우리가 무엇을 계획할지라도, 우리의 계획을 이루시는 분은 하나님입니다. 우리가 아무리 계획을 잘 세워도, 하나님께서 이루어 주시지 않으면 좋은 결과를 얻을 수 없습니다. 그래서 계획을 잘 세운 것으로 만족해서는 안 됩니다. 우리의 계획을 하나님께 맡겨야 합니다. 하나님께서 우리의 계획을 이루어 주시도록 기도해야 합니다.

> 너의 행사를 여호와께 맡기라
> 그리하면 네가 경영하는 것이
> 이루어지리라 (16:3)

세상 사람들은 자기 자신에게 모든 것이 달려 있다고 생각합니다. 자기가 노력하기만 하면 좋은 결과를 얻을 수 있다고 생각합니다. 하지만 일의 결과는 하나님께 달려 있습니다. 능력이 많다고 항상 좋은 결과를 얻는 것이 아니며, 능력이 부족하다고 항상 나쁜 결과를 얻는 것도 아닙니다. 실력은 있지만 하나님을 의지하지 않는 교만한 사람보다, 실력은 부족해도 하나님을 의지하는 겸손한 사람에게 오히려 더 소망이 있습니다.

> 적은 소득이 공의를 겸하면
> 많은 소득이 불의를 겸한 것보다 나으니라 (16:8)

세상 사람들은 돈이 모든 것이라고 생각합니다. 돈만 많으면 행복한 삶을 살 수 있다고 생각합니다. 그래서 돈을 얻기 위해 수단과 방법을 가리지 않습니다. 하지만 하나님은 악하게 모은 많은 돈보다 정직하게 모은 적은 돈을 더 가치 있게 여기십니다. 부자가 되는 것을 목표로 삼기보다 정직하게 사는 것을 목표로 삼아야 합니다.

> 지혜를 얻는 것이 금을 얻는 것보다
> 얼마나 나은고 명철을 얻는 것이
> 은을 얻는 것보다 더욱 나으니라 (16:16)

세상 사람들은 돈을 최고로 생각합니다. 돈보다 좋은 것은 없다고 생각합니다. 하지만 하나님은 돈보다 지혜가 더 좋다고 하십니다.

돈보다 지혜가 더 중요하다고 하십니다. 우리 인생을 정말 행복하게 하고, 가치 있게 하는 것은 돈이 아니라 지혜입니다. 돈도 중요하지만, 지혜가 더 중요하다는 것을 기억합시다.

> 겸손한 자와 함께 하여 마음을 낮추는 것이
> 교만한 자와 함께 하여 탈취물을 나누는 것보다
> 나으니라 (16:19)

세상 사람들은 부자나 성공한 사람들과 가까이 지내려 합니다. 그들로부터 성공의 비결을 배우기 위해서입니다. 하지만 하나님은 겸손한 자를 가까이 하라고 하십니다. 성공의 비결보다 겸손한 자세를 배우는 것이 더 중요하기 때문입니다. 겸손이 지혜입니다. 마음을 낮추는 것이 지혜입니다.

묵상

우리의 계획을 이루어 주시는 분은 누구입니까?

일의 결과는 누구에게 달려 있습니까?

기도

하나님. 사람이 계획을 세울지라도, 그 계획을 이루어 주시는 분은 하나님이십니다. 저희가 일의 처음과 끝을 하나님께 맡기게 해 주세요. 겸손하게 하나님의 도움을 구하게 해 주세요. 예수님의 이름으로 기도합니다. 아멘.

33주

여호와는 마음을 연단하시느니라

잠언 17장 | 찬송가 311장. 내 너를 위하여

> 마른 떡 한 조각만 있고도 화목하는 것이
> 제육이 집에 가득하고도
> 다투는 것보다 나으니라 (17:1)

마른 떡 한 조각만 있어도 화목할 수 있고, 제육이 가득해도 다툴 수 있다고 합니다. 가정의 행복은 돈의 많고 적음에 달린 것이 아니라는 뜻입니다. 가난해도 서로를 배려하는 가정이라면 행복할 수 있지만, 부유해도 서로를 배려하지 않는다면 불행할 수밖에 없습니다. 자기 몫을 먼저 챙기려 하기보다, 상대방의 필요를 먼저 챙겨 주는 것이 지혜입니다. 가정의 평화를 위해 자신을 희생하는 것이 지혜입니다.

> 도가니는 은을,
> 풀무는 금을 연단하거니와
> 여호와는 마음을 연단하시느니라 (17:3)

도가니가 은을 연단하고 풀무가 금을 연단하듯이 하나님은 마음을 연단하십니다. 대장장이가 금과 은에서 불순물을 제거하는 것처럼, 하나님께서 고난을 통해 우리의 마음을 성숙하게 하신다는 뜻입니다. 고난을 좋아하는 사람은 아무도 없습니다. 하지만 고난 없이는 성장할 수 없습니다. 우리는 고난을 통해 더욱더 성숙한 사람으로 변화됩니다. 고난을 성장의 기회로 여기는 것이 지혜입니다.

> 가난한 자를 조롱하는 자는
> 그를 지으신 주를 멸시하는 자요
> 사람의 재앙을 기뻐하는 자는
> 형벌을 면하지 못할 자니라 (17:5)

하나님은 가난한 자를 조롱하는 사람을 하나님을 조롱하는 사람으로 여기십니다. 하나님은 약자를 괴롭히는 사람들을 심판하시고, 이웃의 고통을 기뻐하는 사람들을 벌하십니다. 그러므로 가난한 자를 돕는 것이 지혜입니다. 어려움 당한 자를 돕는 것이 지혜입니다. 고통당하는 자들이 있다면, 그들의 아픈 마음을 생각해 봅시다. 우리가 무엇을 도울 수 있는지 생각해 봅시다.

> 허물을 덮어 주는 자는
> 사랑을 구하는 자요
> 그것을 거듭 말하는 자는
> 친한 벗을 이간하는 자니라 (17:9)

우리에게는 다른 사람의 약점을 들추어내려는 악한 본성이 있습니다. 다른 사람의 실수를 놀리고, 다른 사람의 부족한 부분을 조롱하려는 나쁜 마음이 있습니다. 하나님은 허물을 덮어 주는 것이 사랑이라고 하십니다. 따라서 이웃의 약점을 감추어 주는 것이 지혜입니다. 이웃의 장점만 말하고, 단점은 말하지 않는 것이 지혜입니다.

> 친구는 사랑이 끊어지지 아니하고
> 형제는 위급한 때를 위하여 났느니라 (17:17)

친구는 사랑이 끊어지지 않는다고 합니다. 진정한 친구는 한결같은 사람이라는 뜻입니다. 기쁠 때나 슬플 때나 변함없이 곁에 있어 주는 사람이 진정한 친구입니다. 특히 힘든 일을 당했을 때 도움을 주는 사람이 진정한 친구입니다. 따라서 오래도록 곁에 있어 주는 것이 지혜입니다. 사소한 일로 미워하지 않는 것이 지혜입니다. 어려움을 겪고 있을 때 도움을 주는 것이 지혜입니다.

묵상

하나님께서 마음을 연단하신다는 것은 어떤 뜻입니까?

_____

_____

_____

하나님은 가난한 자를 조롱하는 사람을 어떻게 여기십니까?

_____

_____

_____

기도

하나님. 부유한 가정이 되기보다 화목한 가정이 되게 해 주세요. 자기 몫을 먼저 챙기려 하기보다 다른 사람을 배려하는 가정이 되게 해 주세요. 예수님의 이름으로 기도합니다. 아멘.

34주

자기의 일을 게을리하는 자는
패가하는 자의 형제니라

잠언 18장 | 찬송가 312장. 너 하나님께 이끌리어

> 미련한 자는 명철을
> 기뻐하지 아니하고
> 자기의 의사를 드러내기만
> 기뻐하느니라 (18:2)

하나님은 자기 생각만 옳다고 하는 사람을 미련한 사람이라고 하십니다. 따라서 다른 사람의 말을 잘 듣는 것이 지혜입니다. 자기 생각만 옳다고 하면서 다투기보다 다른 사람에게서 배우려고 하는 것이 지혜입니다.

> 남의 말하기를 좋아하는 자의 말은
> 별식과 같아서
> 뱃속 깊은 데로 내려가느니라 (18:8)

남에 대해 말하는 것은 별식과 같다고 합니다. 남을 흉보는 말은 맛있는 음식과 같다는 뜻입니다. 실제로 다른 사람을 흉보는 말을 할 때, 우리는 기분이 좋아지는 것을 경험합니다. 하지만 그런 종류의 기쁨은 전혀 유익하지 않습니다. 우리는 세상적인 기쁨이 아니라, 거룩한 기쁨을 추구해야 합니다. 남을 흉보면서 기뻐하는 것이 아니라, 남을 칭찬하면서 기뻐해야 합니다. 자신을 낮추고 남을 높이는 것이 지혜입니다.

> 자기의 일을 게을리하는 자는
> 패가하는 자의 형제니라 (18:9)

하나님께서 정하신 자연의 법칙이 있습니다. 대표적인 것이 계절의 순환입니다. 봄이 지나면 여름이 오고, 여름이 지나면 가을이 오는 것은 하나님께서 정하신 법칙입니다. 자연법칙뿐만 아니라 사회법칙도 있습니다. 게으른 자는 망하고, 성실한 자는 흥하는 것입니다. 그러므로 자기 일을 성실하게 하는 것이 지혜입니다. 자기 일을 부지런하게 하는 것이 지혜입니다.

> 여호와의 이름은 견고한 망대라
> 의인은 그리로 달려가서 안전함을 얻느니라
> 부자의 재물은 그의 견고한 성이라
> 그가 높은 성벽 같이 여기느니라 (18:10-11)

세상 사람들은 돈이 자신을 안전하게 지켜 준다고 생각합니다. 돈이 넉넉하면 어떤 문제든 해결할 수 있다고 생각합니다. 하지만 우리의 안전은 하나님께 달려 있습니다. 하나님만이 우리의 문제를 해결해 주실 수 있습니다. 세상이 돈을 신처럼 숭배할 때, 우리는 하나님만을 의지해야 합니다. 돈보다 하나님을 의지하는 것이 지혜입니다. 돈보다 하나님을 사랑하는 것이 지혜입니다.

> 사람의 마음의 교만은 멸망의 선봉이요
> 겸손은 존귀의 길잡이니라 (18:12)

교만은 멸망의 선봉이요, 겸손은 존귀의 길잡이라고 합니다. 스스로 자신을 높이는 사람은 오히려 낮아지고, 스스로 자신을 낮추는 사람은 오히려 높아진다는 뜻입니다. 높이고 낮추는 것이 하나님께 달려 있기 때문입니다. 하나님은 교만한 사람을 낮추시고, 겸손한 사람을 높이십니다. 따라서 겸손이 지혜입니다. 스스로 자신을 낮추는 것이 지혜입니다. 다른 사람을 높여 주는 것이 지혜입니다.

묵상

'남에 대한 말은 별식과 같다'라는 말씀은 어떤 뜻입니까?

_____

_____

_____

_____

게으른 자는 어떻게 되는 것이 하나님께서
정하신 법칙입니까?

_____

_____

_____

기도

하나님. 지혜로운 사람이 되길 원합니다. 다른 사람의 말을 귀
기울여 듣게 해 주세요. 다른 사람을 높이고, 우리 자신을 낮
추게 해 주세요. 다툼을 일으키는 삶이 아니라, 조화와 평화를
이루는 삶을 살게 해 주세요. 예수님의 이름으로 기도합니다.
아멘.

35주

발이 급한 사람은
잘못 가느니라

잠언 19장 | 찬송가 313장. 내 임금 예수 내 주여

> 지식 없는 소원은
> 선하지 못하고
> 발이 급한 사람은
> 잘못 가느니라 (19:2)

지식 없는 소원은 선하지 못하고, 발이 급한 사람은 잘못 간다고 합니다. 충분히 준비하지 않고 성급하게 시작하면 실패할 가능성이 크다는 뜻입니다. 우리가 하려고 하는 일에 대해, 사전 지식을 많이 쌓는 것이 지혜입니다. 충분히 준비하고 시작하는 것이 지혜입니다.

154 성경을 따라가는 52주 가정예배 3

> 사람이 미련하므로 자기 길을 굽게 하고
> 마음으로 여호와를 원망하느니라 (19:3)

실패한 원인은 대부분 우리 자신에게 있습니다. 그럼에도 불구하고 실패한 후에 하나님을 원망하는 사람들이 많습니다. 하나님을 원망하기 전에, 그 일을 충분히 준비했었는지 점검해야 합니다. 하나님의 뜻대로 행했는지 살펴보아야 합니다. 실패의 원인을 자기에게서 찾는 것이 지혜입니다. 실패를 통해 자기 자신을 돌아보는 것이 지혜입니다.

> 거짓 증인은 벌을 면하지 못할 것이요
> 거짓말을 하는 자도 피하지 못하리라 (19:5)

거짓 증인은 벌을 면하지 못한다고 합니다. 자신의 이익을 위해 거짓말하는 사람은 하나님의 벌을 받는다는 뜻입니다. 다른 사람에게 피해를 주지 않는 것이 지혜입니다. 다른 사람을 억울하게 하지 않는 것이 지혜입니다.

> 지혜를 얻는 자는 자기 영혼을 사랑하고
> 명철을 지키는 자는 복을 얻느니라 (19:8)

지혜를 얻는 자는 자기 영혼을 사랑하는 자라고 합니다. 자기를 사랑한다면, 지혜를 얻기 위해 노력해야 한다는 뜻입니다. 왜 지혜를 얻는 자가 자기를 사랑하는 자일까요? 하나님은 지혜로운 사람에게 복을 주시기 때문입니다.

> 노하기를 더디 하는 것이 사람의 슬기요
> 허물을 용서하는 것이 자기의 영광이니라 (19:11)

우리는 쉽게 화를 냅니다. 우리는 다른 사람의 실수를 용서하지 않습니다. 그것은 지혜가 아닙니다. 화를 내지 않는 것이 지혜이며, 용서하는 것이 지혜입니다. 우리는 화내지 않는 온유한 사람, 용서하는 따뜻한 사람이 되어야 합니다.

> 가난한 자를 불쌍히 여기는 것은
> 여호와께 꾸어 드리는 것이니
> 그의 선행을 그에게 갚아 주시리라 (19:17)

가난한 자를 돕는 것은 하나님께 빌려주는 것이라고 합니다. 우리가 가난한 자를 도와주면, 하나님께서 대신 갚아 준다는 뜻입니다. 하나님은 우리가 가난한 사람에게 하는 행동을 지켜보십니다. 우리가 가난한 자에게 따뜻하게 행하면, 하나님도 우리에게 따뜻하게 행하십니다. 우리가 가난한 자에게 필요한 것을 공급하면, 하나님도 우리에게 필요한 것을 공급해 주십니다. 우리가 가난한 자에게 행한 대로, 하나님도 우리에게 행하십니다. 가난한 이웃을 내 몸처럼 사랑하는 것이 지혜입니다. 가난한 자들의 필요를 채워 주는 것이 지혜입니다.

묵상

'발이 급한 사람은 잘못 간다'라는 말씀은 어떤 뜻입니까?

_____

_____

_____

_____

왜 지혜를 추구하는 사람이 자기를 사랑하는 사람입니까?

_____

_____

_____

_____

기도

하나님. 하나님의 뜻대로 행하기를 원합니다. 가난한 자들의
친구가 되게 해 주세요. 가난한 자들을 돕고 섬기는 삶을 살게
해 주세요. 예수님의 이름으로 기도합니다. 아멘.

36주

지혜로운 입술이
더욱 귀한 보배니라

잠언 20장 | 찬송가 314장. 내 구주 예수를 더욱 사랑

> 포도주는 거만하게 하는 것이요
> 독주는 떠들게 하는 것이라
> 이에 미혹되는 자마다 지혜가 없느니라 (20:1)

포도주는 거만하게 하고, 독주는 떠들게 한다고 합니다. 술을 마시면 죄를 짓기 쉽다는 뜻입니다. 술은 그 자체로 죄가 아닙니다. 하지만 술을 마시면 죄를 지을 가능성이 높아집니다. 따라서 술을 멀리하는 것이 지혜입니다.

> 다툼을 멀리 하는 것이 사람에게 영광이거늘
> 미련한 자마다 다툼을 일으키느니라 (20:3)

성경은 다툼을 멀리하는 것이 영광이며, 다툼을 일으키는 사람을 미련한 사람이라고 합니다. 따라서 다투지 않는 것이 지혜입니다. 싸움을 피하는 것이 지혜입니다. 먼저 양보하는 것이 지혜입니다. 상대방에게 관대한 것이 지혜입니다.

> 게으른 자는 가을에 밭 갈지 아니하나니
> 그러므로 거둘 때에는 구걸할지라도
> 얻지 못하리라 (20:40)

게으른 자는 가을에 밭을 갈지 않는다고 합니다. 주어진 일을 주어진 시간에 하지 않는 사람은 좋은 결과를 얻지 못한다는 뜻입니다. 게으른 자는 원하는 결과를 얻지 못한다는 뜻입니다. 따라서 성실하게 사는 것이 지혜입니다. 자신에게 주어진 일을 부지런히 하는 것이 지혜입니다.

> 세상에 금도 있고 진주도 많거니와
> 지혜로운 입술이 더욱 귀한 보배니라 (20:15)

금과 보석을 싫어하는 사람은 없습니다. 누구나 금과 보석을 가지려고 합니다. 그런데 금과 보석보다 더 중요한 것이 있습니다. 지혜로운 입술입니다. 그 이유는 다음과 같습니다. 말을 지혜롭게 하는 사람은 다른 사람을 기쁘고 행복하게 합니다. 말을 지혜롭게 하는 사람은 다른 사람의 존경과 사랑을 받습니다. 그래서 지혜로운 입술을 금과 보석보다 중요하다고 하는 것입니다. 우리는 어떤 입술을 가지고 있습니까? 미련한 입술입니까, 지혜로운 입술입니까?

> 속이고 취한 음식물은
> 사람에게 맛이 좋은 듯하나
> 후에는 그의 입에 모래가
> 가득하게 되리라 (20:17)

사람들은 자신의 이익을 위해서라면, 악을 행하는 것도 서슴지 않습니다. 그래서 세상에는 속이고 속는 일이 비일비재(非一非再)합니다. 하지만 성경은, 남을 속이고 음식물을 취한 사람은 모래를 씹게 될 것이라고 합니다. 남을 속이고 이익을 취하면, 반드시 합당한 대가를 치르게 된다는 뜻입니다. 원하는 결과를 얻기 위해 남을 속이지 않는 것이 지혜입니다.

묵상

'포도주는 거만하게 한다'라는 말씀은 어떤 뜻입니까?

_____

_____

_____

금과 보석보다 더 중요한 것은 무엇입니까?

_____

_____

_____

_____

기도

하나님. 자신의 이익을 위해 속고 속이는 세상에서, 정직하고 진실하게 살아가게 해 주세요. 맡겨진 일을 성실히 행하며 살아가게 해 주세요. 예수님의 이름으로 기도합니다. 아멘.

37주

깨끗한 자의 길은 곧으니라

잠언 21장 | 찬송가 315장. 내 주 되신 주를 참 사랑하고

> 왕의 마음이 여호와의 손에 있음이 마치 봇물과 같아서
> 그가 임의로 인도하시느니라 (21:1)

왕은 가장 큰 힘을 가진 사람처럼 보입니다. 왕은 원하는 것은 무엇이든 할 수 있는 것처럼 보입니다. 왕은 무엇이든 자기 마음대로 하는 것처럼 보입니다. 하지만 왕의 마음도 하나님의 손에 있습니다. 하나님은 보이지 않는 곳에서 왕의 마음을 움직이고 계십니다. 하나님은 왕의 마음만 움직이시는 것이 아닙니다. 모든 사람의 마음이 하나님의 손안에 있습니다. 하나님은 모든 사람의 왕이시요, 모든 인류의 통치자입니다.

> 공의와 정의를 행하는 것은 제사 드리는 것보다
> 여호와께서 기쁘게 여기시느니라 (21:3)

하나님은 제사보다 공의를 더 기뻐하신다고 합니다. 순종이 없는 자의 예배는 하나님께서 기쁘게 받으시지 않는다는 뜻입니다. 일상의 삶에서 하나님의 뜻을 실천하지 않는다면, 주일에 드리는 예배를 참된 예배로 인정하지 않으신다는 뜻입니다. 우리는 어떠합니까? 우리는 하나님께서 기쁘게 받으시는 예배를 드리고 있습니까?

> 속이는 말로 재물을 모으는 것은
> 죽음을 구하는 것이라
> 곧 불려다니는 안개니라 (21:6)

이 시대를 물질 만능주의 사회라고 합니다. 돈을 가장 중요한 가치로 여긴다는 뜻입니다. 사람들은 돈을 모으기 위해서 수단과 방법을 가리지 않습니다. 하지만 성경은 악한 방법으로 돈을 모으는 것은 죽음을 구하는 것이라고 합니다. 악인들의 많은 돈은 스스로를 파멸시킨다는 뜻입니다. 정직하게 돈을 모으는 것이 지혜입니다. 돈의 노예가 되지 않는 것이 지혜입니다.

> 죄를 크게 범한 자의 길은 심히 구부러지고
> 깨끗한 자의 길은 곧으니라 (21:8)

악인의 길은 구부러지고, 의인의 길은 곧다고 합니다. 죄를 지어서라도 빨리 가려는 사람은 오히려 늦게 도착하고, 선을 행하기 위해 돌아가는 사람은 오히려 빨리 도착한다는 뜻입니다. 따라서 빠른 길보다 바른길을 걸어가는 것이 지혜입니다. 넓고 편한 길보다 하나님께서 원하시는 길을 걸어가는 것이 지혜입니다.

> 다투는 여인과 함께 큰 집에서 사는 것보다
> 움막에서 사는 것이 나으니라 (21:9)

다투는 여인과 함께 큰 집에서 사는 것보다 차라리 움막에서 혼자 사는 것이 낫다고 합니다. 가정의 행복은 집의 크기와 재산에 달린 것이 아니라, 서로를 이해하고 배려하는 데 달려 있다는 뜻입니다. 집의 크기를 늘리기보다 다른 사람을 더 배려하기 위해 힘쓰는 가정이 되어야 합니다.

묵상

부자가 되기 위해 불법을 행하는 사람은 결국 어떻게 됩니까?

_____

_____

_____

_____

'악인의 길은 구부러진다'라는 말씀은 어떤 뜻입니까?

_____

_____

_____

_____

기도

왕의 마음도 다스리시는 하나님. 하나님은 모든 사람과 모든 인류를 통치하시는 왕이십니다. 왕이신 하나님께 순종하고, 왕이신 하나님을 의지하며 살아가게 해 주세요. 예수님의 이름으로 기도합니다. 아멘.

38주

많은 재물보다 명예를 택할 것이요

잠언 22장 | 찬송가 320장. 나의 죄를 정케 하사

> 많은 재물보다 명예를 택할 것이요
> 은이나 금보다 은총을
> 더욱 택할 것이니라 (22:1)

많은 재물보다 명예를 선택하라고 합니다. 돈보다 명예가 더 중요하다는 뜻입니다. 돈이 많은 사람이라는 평가보다 하나님을 사랑하는 사람이라는 평가를 받는 것이 더 좋다는 뜻입니다. 우리는 어떤 평가를 받고 있습니까? 믿음의 사람이라는 평가, 사랑의 사람이라는 평가를 받고 있습니까?

> 패역한 자의 길에는 가시와 올무가 있거니와
> 영혼을 지키는 자는 이를 멀리 하느니라 (22:5)

패역한 자의 길에는 가시와 올무가 있다고 합니다. 성공을 위해 악을 행하는 사람은 반드시 하나님의 심판을 받는다는 뜻입니다. 물론 악인들이 형통하는 경우가 있습니다. 하지만 악인의 형통은 일시적입니다. 결국에는 하나님께서 망하게 하십니다. 혹시 원하는 것을 얻으려고 악을 행하지는 않습니까? 하나님께서 심판하신다는 것을 기억하십시오.

> 마땅히 행할 길을 아이에게 가르치라
> 그리하면 늙어도 그것을 떠나지 아니하리라 (22:6)

부모의 역할은 가르치는 것이고, 자녀의 역할은 배우는 것입니다. 특히 자녀에게 잘못된 습관이 있다면, 부모는 반드시 올바른 행동을 가르쳐야 합니다. 악한 행동은 저절로 고쳐지지 않습니다. 부모의 관심과 사랑이 필요합니다. 부모는 사랑하는 마음으로 가르쳐야 하고, 자녀는 존경하는 마음으로 순종해야 합니다.

> 선한 눈을 가진 자는 복을 받으리니
> 이는 양식을 가난한 자에게 줌이니라 (22:9)

힘써 나누어 주는 사람은 곧 망할 것처럼 보입니다. 하지만 성경은 나누어 주는 사람이 망하는 대신 복을 받는다고 말합니다. 가난한 자를 돕는 자에게 하나님의 도움이 임하기 때문입니다. 따라서 가난한 자를 긍휼의 눈으로 바라보는 것이 지혜입니다. 가난한 자를 돕기 위해 노력하는 것이 지혜입니다.

> 게으른 자는 말하기를 사자가 밖에 있은즉
> 내가 나가면 거리에서 찢기겠다 하느니라 (22:13)

게으른 자는 사자가 있다고 말한다고 합니다. 게으른 자는 자신을 반성하기보다 핑계 대기를 좋아한다는 뜻입니다. 실제로 게으른 사람들은 저마다 합당한 이유가 있습니다. 너무 바빠서, 너무 피곤해서, 너무 어려워서 등등의 핑계를 댑니다. 우리도 마찬가지입니다. 핑계하지 않고 반성하는 것이 지혜입니다. 할 수 없는 이유를 찾기보다 할 수 있는 방법을 찾는 것이 지혜입니다.

> 네가 자기의 일에 능숙한 사람을 보았느냐
> 이러한 사람은 왕 앞에 설 것이요
> 천한 자 앞에 서지 아니하리라 (22:29)

자기 일에 능숙한 사람은 왕 앞에 선다고 합니다. 실력을 갖추면, 하나님께서 사용하신다는 뜻입니다. 나를 알아주지 않는다고 불평하지 말고, 더욱 실력을 쌓아 갑시다. 그러면 언젠가는 하나님께서 우리를 사용해 주실 것입니다.

묵상

재물보다 중요한 것은 무엇입니까?

_____

_____

_____

_____

패역한 자의 길에는 무엇이 있습니까?

_____

_____

_____

_____

기도

하나님. 하나님께서 저희를 사용해 주시길 원합니다. 주어진
자리에서 최선을 다해 살아가게 해 주세요. 그리하여 하나님
의 영광을 위해 일하게 해 주세요. 예수님의 이름으로 기도합
니다. 아멘.

부자 되기에 애쓰지 말고

잠언 23장 | 찬송가 321장. 날 대속하신 예수께

> 그의 맛있는 음식을 탐하지 말라
> 그것은 속이는 음식이니라 (23:3)

맛있는 음식을 탐하지 말라고 합니다. 우리를 속이는 도구일 가능성이 크기 때문입니다. 세상 사람들은 아무 대가 없이 무언가를 제공하지 않습니다. 만약 누군가가 우리에게 좋은 선물을 주려고 한다면, 반드시 그 의도를 살펴야 합니다. 대가를 바라고 주는 선물이라면, 받지 않는 것이 지혜입니다.

시가서

> 부자 되기에 애쓰지 말고
>
> 네 사사로운 지혜를 버릴지어다
>
> 네가 어찌 허무한 것에 주목하겠느냐
>
> 정녕히 재물은 스스로 날개를 내어
>
> 하늘을 나는 독수리처럼 날아가리라 (23:4-5)

부자 되려고 애쓰지 말라고 합니다. 부자 되는 것이 우리의 목표가 될 수 없다는 뜻입니다. 자본주의 사회에서는 정당한 방법으로 부자 되는 것이 매우 어렵습니다. 부자 되는 것이 목표가 된다면, 신앙을 타협하거나 가족을 살피지 못하는 경우가 생길 수 있습니다. 따라서 하나님의 영광이 우리의 목표가 되어야 합니다. 하나님의 영광을 위해 사는 것이 지혜입니다. 그러면 하나님께서 우리의 인생을 지켜 주실 것입니다.

> 아이를 훈계하지 아니하려고 하지 말라
>
> 채찍으로 그를 때릴지라도 그가 죽지 아니하리라
>
> 네가 그를 채찍으로 때리면
>
> 그의 영혼을 스올에서 구원하리라 (23:13-14)

아이를 채찍으로 때리면 그의 영혼을 구할 수 있다고 합니다. 이것은 실제로 채찍을 사용하라는 말이 아닙니다. 자녀가 잘못된 행동을 할 때는 반드시 잘못을 깨우쳐 주어야 한다는 뜻입니다. 잘못된 습관은 저절로 고쳐지지 않기 때문입니다. 엄격한 교육으로 올바른 습관을 길러 주는 것이 부모의 지혜입니다.

> 네 마음으로 죄인의 형통을 부러워하지 말고
> 항상 여호와를 경외하라 정녕히 네 장래가 있겠고
> 네 소망이 끊어지지 아니하리라 (23:17-18)

성공한 사람을 보면 부러운 마음이 생기기 마련입니다. 하지만 성경은 "죄인의 형통을 부러워하지 말라고" 합니다. 우리가 본받아야 할 사람은 세상에서 성공한 사람이 아니라, 세상에서 거룩하게 살아가는 사람입니다. 만약 거룩하게 살기 위해 성공을 포기한 사람이 있다면, 그 사람이야말로 우리가 본받아야 할 사람입니다.

> 술 취하고 음식을 탐하는 자는
> 가난하여질 것이요
> 잠 자기를 즐겨 하는 자는
> 해어진 옷을 입을 것임이니라 (23:21)

잠 자기를 즐겨하는 자는 해어진 옷을 입는다고 합니다. 인생에는 때가 있다는 뜻입니다. 공부해야 할 때가 있고, 일해야 할 때가 있습니다. 공부해야 할 때 공부하지 않고, 일해야 할 때 일하지 않는다면, 비참한 결과를 맞이하는 것이 보편적인 법칙입니다. 먹고 마시고 잠자는 것으로 소중한 인생을 낭비하지 않는 것이 지혜입니다.

묵상

왜 성경은 부자 되기에 애쓰지 말라고 합니까?

_____

_____

_____

_____

아이를 채찍으로 때리라는 것은 어떤 의미입니까?

_____

_____

_____

_____

기도

하나님. 세상의 많은 사람들이 먹고 마시며 잠자는 것으로 인생을 낭비합니다. 자기 인생을 자기 마음대로 살아 버립니다. 하나님께서 주신 인생을 가치 있게 보낼 수 있도록 도와주세요. 맡겨진 일에 최선을 다하게 해 주세요. 예수님의 이름으로 기도합니다. 아멘.

40주

너는 악인의 형통함을
부러워하지 말며

잠언 24장 | 찬송가 323장. 부름받아 나선 이 몸

> 너는 악인의 형통함을 부러워하지 말며
> 그와 함께 있으려고 하지도 말지어다 (24:1)

악을 행하면서도 형통한 사람이 있습니다. 그런 사람을 보면 부러운 마음이 들기 마련입니다. 하지만 성경은 악인의 형통을 부러워하지 말라고 합니다. 심지어 그와 함께 있지도 말라고 합니다. 그 이유는 무엇일까요? 그들의 미래는 밝지 않기 때문입니다. 지금은 형통할지라도, 미래에는 하나님의 심판을 받을 것이기 때문입니다.

> 집은 지혜로 말미암아 건축되고
>
> 명철로 말미암아 견고하게 되며
>
> 또 방들은 지식으로 말미암아 각종 귀하고
>
> 아름다운 보배로 채우게 되느니라 (24:3-4)

우리는 어떤 가정을 만들어야 할까요? 비싼 가전제품과 가구가 가득한 집을 만들어야 할까요? 각종 보석과 귀금속이 가득한 집을 만들어야 할까요? 아닙니다. 우리가 만들어야 할 가정은 지혜로 가득한 가정입니다. 하나님을 아는 지식이 가득한 가정입니다.

> 지혜 있는 자는 강하고 지식 있는 자는
>
> 힘을 더하나니 너는 전략으로 싸우라
>
> 승리는 지략이 많음에 있느니라 (24:5-6)

세상 사람들은 돈과 권력과 명예를 가진 자가 강한 자라고 말합니다. 하지만 성경은 지혜 있는 자와 지식 있는 자가 강한 자라고 합니다. 따라서 우리는 무엇보다 하나님을 알기 위해 노력해야 합니다. 하나님의 뜻을 분별하기 위해 노력해야 합니다. 그리할 때 우리는 진정 강한 자가 될 것입니다. 하나님의 뜻대로 살 때, 우리는 진정 승리자의 삶을 살게 될 것입니다.

> 너는 사망으로 끌려가는 자를 건져 주며
>
> 살육을 당하게 된 자를
>
> 구원하지 아니하려고 하지 말라 (24:11)

사망으로 끌려가는 자를 건져 주라고 합니다. 살육을 당하게 된 자를 구원하라고 합니다. 위기에 처한 사람들을 도와주라는 말입니다. 따라서 어려움에 처한 사람들을 돕는 것이 지혜입니다. 우리 주위의 약자들에게 관심을 가지는 것이 지혜입니다. 더불어 함께 살기 위해 노력하는 것이 지혜입니다.

> 네 원수가 넘어질 때에 즐거워하지 말며 그가 엎드러질 때에 마음에 기뻐하지 말라 여호와께서 이것을 보시고 기뻐하지 아니하사 그의 진노를 그에게서 옮기실까 두려우니라 (24:17-18)

원수가 넘어질 때 즐거워하지 말라고 합니다. 하나님의 뜻은 기뻐하는 자와 함께 기뻐하고, 슬퍼하는 자와 함께 슬퍼하는 것입니다. 설령 그가 악인이라도 말입니다. 남의 실패를 기뻐한다면, 우리 역시 악인과 다를 바 없다는 사실을 기억합시다.

> 네가 좀 더 자자, 좀 더 졸자, 손을 모으고 좀 더 누워 있자 하니 네 빈궁이 강도같이 오며 네 곤핍이 군사같이 이르리라 (24:33-34)

나중으로 미루고, 내일로 미루는 사람은 미래가 없습니다. 게으른 자의 미래는 실패와 멸망입니다. 우리는 주어진 일을 얼마나 성실하게 행하고 있습니까? 오늘 해야 할 일은 반드시 오늘 마무리해야 합니다.

묵상

왜 악인의 형통을 부러워하지 말아야 합니까?

_____

_____

_____

우리는 어떤 가정을 만들어야 합니까?

_____

_____

_____

_____

기도

하나님. 악을 행하면서도 잘되고 형통한 사람들이 있습니다. 악인의 형통함을 부러워하지 않게 해 주세요. 주변의 시선을 의식하지 않고 담대하게 의인의 길을 걸어가게 해 주세요. 예수님의 이름으로 기도합니다. 아멘.

41주

너는 꿀을 보거든
족하리만큼 먹으라

잠언 25장 | 찬송가 325장. 예수가 함께 계시니

> 왕 앞에서 스스로 높은 체하지 말며
> 대인들의 자리에 서지 말라 (25:6)

왕 앞에서 스스로 높은 체하지 말라고 합니다. 스스로를 높이거나
스스로를 자랑하지 말라는 뜻입니다. 하나님은 교만한 자를 낮추시
고, 겸손한 자를 높이십니다. 겸손함이 지혜입니다. 스스로 낮추는
것이 지혜입니다.

> 경우에 합당한 말은 아로새긴
> 은 쟁반에 금 사과니라 (25:11)

경우에 합당한 말은 은 쟁반에 금 사과라고 합니다. 상황에 적절한 말은 상대방에게 큰 유익을 준다는 뜻입니다. 상처받은 자에게는 위로의 말이, 실망한 자에게는 격려의 말이 필요합니다. 우리는 상대방에게 꼭 필요한 말을 하는 사람이 되어야 합니다. 상대방에게 필요한 말을 하는 것이 지혜입니다.

> 오래 참으면 관원도 설득할 수 있나니
> 부드러운 혀는 뼈를 꺾느니라 (25:15)

"목소리 큰 사람이 이긴다"라는 말이 있습니다. 사람들은 목소리를 높여서 상대방을 설득하려고 합니다. 하지만 사실은 그렇지 않습니다. 큰 목소리는 도리어 큰 싸움을 일으킵니다. 성경은 상대방을 설득하기 위해 오래 참으라고 말합니다. 부드럽게 말하라고 합니다. 따라서 흥분하지 않는 것이 지혜입니다. 친절하게 말하는 것이 지혜입니다.

> 너는 꿀을 보거든 족하리만큼 먹으라
> 과식함으로 토할까 두려우니라 (25:16)

흔히 꿀을 완전식품이라고 합니다. 그만큼 몸에 좋다는 뜻입니다. 하지만 성경은 꿀을 과식하지 말라고 합니다. 무엇이든 적당하게 취하는 것이 좋다는 뜻입니다. 지나침은 부족함보다 해로울 때가 많습니다. 적당한 선을 지키는 것이 지혜입니다.

> 너는 이웃집에 자주 다니지 말라
> 그가 너를 싫어하며 미워할까 두려우니라 (25:17)

적당한 선을 지키는 것이 지혜입니다. 이것은 인간관계에 있어서도 마찬가지입니다. 친한 사이라도 너무 자주 만나다 보면, 오히려 해로울 수 있습니다. 가까운 사이일수록 적당한 선을 지켜야 합니다.

> 자기의 이웃을 쳐서 거짓 증거하는 사람은
> 방망이요 칼이요 뾰족한 화살이니라 (25:18)

이웃에 대한 거짓말은 방망이요, 칼이요, 뾰족한 화살이라고 합니다. 이웃에 대한 거짓말은 큰 상처를 남긴다는 뜻입니다. 말에는 생각보다 큰 힘이 있습니다. 말로 상처를 주는 것도 마찬가지입니다. 우리가 무심코 내뱉은 말에, 상대방은 큰 상처를 받을 수 있습니다. 상대방에 대한 부정적인 말은 하지 않는 것이 지혜입니다. 그것이 사실일지라도 말입니다. 하나님께서 우리에게 원하시는 것은 상대방의 허물을 덮어 주는 것입니다.

묵상

왜 경우에 합당한 말을 은 쟁반에 금 사과라고 합니까?

_____

_____

_____

상대방을 설득하기 위해서는 어떤 말을 해야 합니까?

_____

_____

_____

_____

기도

하나님. 우리가 하는 말이 상대방을 죽일 수도 있고 살릴 수도 있습니다. 상대방을 기분 좋게 하는 말, 상대방을 격려하는 말, 상대방에게 힘과 위로를 주는 말을 하게 해 주세요. 예수님의 이름으로 기도합니다. 아멘.

미련한 자는 그 미련한 것을
거듭 행하느니라

잠언 26장 | 찬송가 327장. 주님 주실 화평

> 미련한 자에게는 영예가 적당하지 아니하니
> 마치 여름에 눈 오는 것과 추수 때에
> 비 오는 것 같으니라 (26:1)

미련한 자에게는 영예가 적당하지 않다고 합니다. 미련한 자에게 권력을 주어서는 안 된다는 뜻입니다. 바꾸어 말하면 지도자가 되기 위해서는 먼저 지혜로운 사람이 되어야 한다는 뜻이기도 합니다. 하나님께 쓰임받는 일꾼이 되기를 원합니까? 먼저 지혜로운 사람이 되어야 합니다.

> 개가 그 토한 것을 도로 먹는 것같이 미련한 자는
> 그 미련한 것을 거듭 행하느니라 (26:11)

토한 것을 다시 먹는 일은 짐승이나 하는 행동입니다. 성경은 미련한 자가 짐승과 같다고 합니다. 미련한 사람은 미련한 행동을 반복해서 행하기 때문입니다. 따라서 자신의 문제가 무엇인지 아는 것이 지혜입니다. 자신의 문제를 고치기 위해서 노력하는 것이 지혜입니다.

> 네가 스스로 지혜롭게 여기는 자를 보느냐
> 그보다 미련한 자에게 오히려 희망이 있느니라 (26:12)

자신의 문제를 고치기 위해서 노력하는 것이 지혜입니다. 하지만 많은 사람들이 자신의 문제를 고치려고 하지 않습니다. 그 이유는 스스로를 지혜롭게 여기기 때문입니다. 자신을 지혜롭다고 생각하기 때문에, 자신의 행동을 고치려고 하지 않는 것입니다. 따라서 교만한 마음을 내려놓는 것이 지혜입니다. 자신의 부족함을 깨닫는 것이 지혜입니다. 자신의 단점을 객관적으로 보는 것이 지혜입니다.

> 게으른 자는 길에 사자가 있다
> 거리에 사자가 있다 하느니라 (26:13)

게으른 자는 사자가 길에 있다고 말한다고 합니다. 실제로 사자가 있는 것이 아닙니다. 일하기 싫어서 사자가 길에 있다고 거짓말하는 것입니다. 많은 경우, 게으름은 영적인 문제입니다. 게으른 사람은 경건 생활에도 게으르기 때문입니다. 자기 일에 게으른 사람이 기도와 묵상에 성실할 리가 없습니다.

> 길로 지나가다가 자기와 상관 없는 다툼을
> 간섭하는 자는 개의 귀를 잡는 자와 같으니라 (26:17)

개의 귀를 잡으면 어떻게 될까요? 필경 위험한 일을 당하게 될 것입니다. 성경은 남의 일에 간섭하는 것이 그처럼 위험한 일이라고 말합니다. 우리는 상대방의 사정을 다 알지 못합니다. 사정을 다 알지 못하면서 상대방의 다툼을 중재하려고 하다가는 오히려 문제를 더 키울 수 있습니다. 우리가 잘 알지 못하는 사람이거나 잘 알고 있는 문제가 아니라면, 간섭하지 않는 것이 지혜입니다.

묵상

왜 성경은 미련한 사람을 짐승과 같다고 말합니까?

_____

_____

_____

왜 사람들은 자신의 문제를 고치려고 하지 않습니까?

_____

_____

_____

기도

하나님. 저희의 미련함을 깨닫게 해 주세요. 저희의 부족한 부분을 날마다 개선하게 해 주세요. 날마다 지혜로운 사람으로 자라나게 해 주세요. 예수님의 이름으로 기도합니다. 아멘.

43주

너는 내일 일을 자랑하지 말라

잠언 27장 | 찬송가 330장. 어둔 밤 쉬 되리니

> 너는 내일 일을 자랑하지 말라
> 하루 동안에 무슨 일이 일어날는지
> 네가 알 수 없음이니라 (27:1)

내일 일을 자랑하지 말라고 합니다. 미래를 다 아는 듯이 행동하지 말라는 뜻입니다. 미래를 아는 분은 하나님밖에 없습니다. 사람은 오늘 일도 다 알 수 없습니다. 따라서 지나친 자신감을 가지지 않는 것이 지혜입니다. 자신의 계획을 너무 확신하지 않는 것이 지혜입니다. 인생은 우리의 생각대로 진행되지 않습니다.

> 타인이 너를 칭찬하게 하고
> 네 입으로는 하지 말며
> 외인이 너를 칭찬하게 하고
> 네 입술로는 하지 말지니라 (27:2)

누군가가 우리를 칭찬해 주는 것은 고마운 일입니다. 하지만 자기 스스로 자신을 칭찬하는 것은 어리석은 일입니다. 예수님은 오른손이 하는 것을 왼손이 모르게 하라고 하셨습니다(마 6:3). 예수님의 말씀처럼 누군가에게 칭찬받으려는 마음 자체를 가지지 않는 것이 지혜입니다.

> 돌은 무겁고 모래도 가볍지 아니하거니와
> 미련한 자의 분노는 이 둘보다 무거우니라 (27:3)

돌은 무겁다고 합니다. 그런데 분노는 돌보다 더 무겁다고 합니다. 분노의 위력을 강조하는 말입니다. 우리가 누군가에게 분노할 때, 상대방은 큰 상처를 받게 됩니다. 분노 때문에 받은 상처는 쉽게 사라지지 않습니다. 그러므로 감정을 조절할 줄 아는 것이 지혜입니다. 감정을 쏟아 내지 않는 것이 지혜입니다. 만약 실수로 누군가에게 분노했다면, 즉시 실수를 인정하고 용서를 구해야 합니다.

> 배부른 자는 꿀이라도 싫어하고
> 주린 자에게는 쓴 것이라도 다니라 (27:7)

배부른 자는 꿀도 싫어하고, 굶주린 자는 쓴 것이라도 좋아한다고 합니다. 상대방을 사랑한다면, 내가 주고 싶은 것을 주는 것이 아니라 상대방에게 필요한 것을 주어야 한다는 뜻입니다. 따라서 상대방에게 무엇이 필요한지 아는 것이 지혜입니다. 상대방에게 정말 필요한 도움을 주는 것이 지혜입니다.

> 철이 철을 날카롭게 하는 것 같이
> 사람이 그의 친구의 얼굴을 빛나게 하느니라 (27:17)

철이 철을 날카롭게 하듯이, 사람이 사람의 얼굴을 빛나게 한다고 합니다. 철과 철이 부딪쳐서 강한 철이 만들어지듯이, 다른 사람과 겪는 갈등이 우리를 더욱 성숙하게 만든다는 뜻입니다. 혹시 우리를 힘들게 하는 사람이 있습니까? 어쩌면 우리를 더욱 성숙하게 하시려는 하나님의 섭리일지 모릅니다. 갈등을 피하려고만 하지 않고 극복하려고 하는 것이 지혜입니다.

묵상

왜 내일 일을 자랑하지 말아야 합니까?

_____

_____

_____

분노가 돌보다 무겁다는 것은 어떤 뜻입니까?

_____

_____

_____

기도

하나님. 저희는 미래에 어떤 일이 일어날지 알지 못합니다. 미래를 아시는 분은 하나님밖에 없습니다. 그러므로 미래를 아는 것처럼 교만하지 않게 해 주세요. 지나친 확신이나 자신감을 가지지 않고, 저희의 미래를 겸손히 하나님께 맡기게 해 주세요. 예수님의 이름으로 기도합니다. 아멘.

44주

율법을 듣지 아니하면
그의 기도도 가증하니라

잠언 28장 | 찬송가 336장. 환난과 핍박 중에도

> 악인은 쫓아오는 자가 없어도 도망하나
> 의인은 사자 같이 담대하니라 (28:1)

악인은 쫓아오는 자가 없어도 도망한다고 합니다. 악인은 모든 일이
잘될 때도 두려움을 느낀다는 뜻입니다. 그 이유는 하나님께서 사람
의 마음에 심어 놓으신 양심 때문입니다. 악인은 양심이 주는 고통
에서 벗어날 수 없습니다. 따라서 정직하게 사는 것이 지혜입니다.
남을 속이지 않고 올바르게 사는 것이 지혜입니다. 그런 사람은 사
자같이 담대할 수 있습니다.

> 율법을 지키는 자는 지혜로운 아들이요
> 음식을 탐하는 자와 사귀는 자는
> 아비를 욕되게 하는 자니라 (28:7)

율법을 지키는 자는 지혜로운 아들이라고 합니다. 지혜로운 자녀야말로 부모의 자랑거리가 된다는 뜻입니다. 이 세상은 돈과 명예와 권력을 최고로 생각합니다. 그래서 자신의 자녀도 돈과 명예와 권력을 가진 사람으로 키우려고 합니다. 하지만 잊지 마십시오. 지혜로운 자녀야말로 좋은 자녀입니다. 자녀를 지혜로운 사람으로 양육하는 부모야말로 좋은 부모입니다.

> 사람이 귀를 돌려 율법을 듣지 아니하면
> 그의 기도도 가증하니라 (28:9)

율법을 듣지 않는 자의 기도는 가증하다고 합니다. 하나님의 말씀을 듣지 않고, 자기 말만 하는 기도는 올바른 기도가 아니라는 뜻입니다. 기도는 하나님과 나누는 대화입니다. 대화의 핵심은 소통입니다. 따라서 성경을 묵상하는 것은 올바른 기도를 위한 준비 작업입니다. 성경을 읽어야 하나님의 말씀을 들을 수 있고, 하나님의 말씀을 들어야 올바른 기도를 시작할 수 있습니다.

> 자기의 죄를 숨기는 자는 형통하지 못하나
> 죄를 자복하고 버리는 자는
> 불쌍히 여김을 받으리라 (28:13)

자기 죄를 숨기는 자는 형통하지 못하지만, 자기 죄를 자복하는 사람은 불쌍히 여김을 받는다고 합니다. 사실 자기 죄를 자복하는 것은 쉬운 일이 아닙니다. 큰 용기가 필요한 일입니다. 하지만 하나님께 죄를 숨길 수도 없을뿐더러, 죄를 계속 숨기다가는 하나님의 심판을 받을 뿐입니다. 용기를 내어 하나님께 죄를 자복합시다. 그러면 하나님께서 불쌍히 여겨 주실 것입니다.

> 욕심이 많은 자는 다툼을 일으키나
> 여호와를 의지하는 자는
> 풍족하게 되느니라 (28:25)

욕심이 많은 사람은 돈을 사랑하는 사람입니다. 돈을 사랑하는 사람은 반드시 다툼을 일으키게 됩니다. 돈은 제한적이기 때문입니다. 제한적인 돈을 서로 차지하려고 한다면, 다툼이 없을 수 없습니다. 따라서 하나님을 의지하는 것이 지혜입니다. 하나님의 능력은 한계가 없기 때문입니다. 돈을 사랑하기에 이웃과 다투는 삶이 아니라, 하나님을 의지하기에 이웃에게 베풀어 주는 삶을 살아야 합니다.

묵상

왜 악인은 모든 일이 잘될 때도 두려움을 느낍니까?

_____

_____

_____

왜 율법을 듣지 않는 자의 기도는 가증한 기도입니까?

_____

_____

_____

_____

기도

하나님. 기도는 하나님과의 대화입니다. 올바른 대화를 나눌
수 있도록, 날마다 성경을 묵상하게 해 주세요. 하나님의 뜻을
잘 알고 기도하게 해 주세요. 예수님의 이름으로 기도합니다.
아멘.

45주

율법을 지키는 자는 복이 있느니라

잠언 29장 | 찬송가 337장. 내 모든 시험 무거운 짐을

> 자주 책망을 받으면서도 목이 곧은
> 사람은 갑자기 패망을 당하고
> 피하지 못하리라 (29:1)

하나님은 멀리 계시지 않습니다. 하나님은 계속해서 우리에게 말씀하고 계십니다. 설교를 통해 말씀하시고, 성경을 통해 말씀하시고, 양심을 통해 말씀하십니다. 때로는 사건 사고를 통해 말씀하시고, 곁에 있는 사람을 통해서도 말씀하십니다. 하나님은 여러 가지 방법으로 우리의 죄를 경고하십니다. 우리가 끝까지 회개하지 않는다면, 하나님의 심판이 갑자기 임할 것입니다.

> 악인이 범죄하는 것은 스스로
>
> 올무가 되게 하는 것이나
>
> 의인은 노래하고 기뻐하느니라 (29:6)

악인이 범죄하는 것은 스스로 함정에 빠지는 것이라고 합니다. 악인의 범죄는 반드시 드러나고, 반드시 하나님의 심판을 불러온다는 뜻입니다. 이 말씀처럼 이 땅에 완전 범죄는 없습니다. 만약 이 땅에서 죄가 발각되지 않는다면, 최후의 심판 날에 드러나게 될 것입니다. 그러므로 죄를 두려워하는 것이 지혜입니다. 죄를 지었다면 즉각 회개하는 것이 지혜입니다.

> 채찍과 꾸지람이 지혜를 주거늘
>
> 임의로 행하게 버려둔 자식은
>
> 어미를 욕되게 하느니라 (29:15)

채찍과 꾸지람이 지혜를 준다고 합니다. 부모는 자녀의 잘못을 바로잡기 위해 노력해야 한다는 뜻입니다. 만약 자녀를 그냥 내버려 둔다면, 성인이 되어서도 잘못된 행동을 할 것입니다. 부모가 자녀의 잘못을 징계할 때, 자녀는 부모의 권위에 순종하는 것을 배웁니다. 부모에게 순종하는 것을 배워야만 하나님께도 순종할 수 있습니다.

> 묵시가 없으면 백성이 방자히 행하거니와
>
> 율법을 지키는 자는 복이 있느니라 (29:18)

묵시가 없으면 백성이 방자히 행한다고 합니다. 하나님의 뜻을 모르면 자기 마음대로 살게 되고, 자기 마음대로 살면 심판을 피할 수 없습니다. 따라서 하나님의 말씀을 듣는 것이 지혜입니다. 하나님의 말씀을 행하는 것이 지혜입니다. 그런 사람은 하나님께서 주시는 복을 누릴 것입니다.

> 네가 말이 조급한 사람을 보느냐
> 그보다 미련한 자에게
> 오히려 희망이 있느니라 (29:20)

말을 조급하게 하는 사람에게는 희망이 없다고 합니다. 생각 없이 말하면 실수하기 쉽다는 뜻입니다. 따라서 우리는 말을 줄여야 합니다. 말을 하려고 하기보다 말을 듣기 위해 노력해야 합니다. 꼭 필요할 때만 말해야 하고, 한마디 말도 신중하게 해야 합니다. 실수한 말은 다시 주워 담을 수 없고, 말로 인한 상처는 잘 아물지 않기 때문입니다.

묵상

'악인은 스스로 함정에 빠진다'라는 말씀은 어떤 뜻입니까?

_____

_____

_____

_____

채찍과 꾸지람은 자녀에게 무엇을 줍니까?

_____

_____

_____

_____

기도

하나님. 하나님은 온 우주의 통치자이십니다. 하나님은 악인에게 벌을 내리시고, 의인에게 복을 주십니다. 악을 멀리하고 선을 가까이하게 해 주세요. 악을 두려워하고 선을 사랑하게 해 주세요. 예수님의 이름으로 기도합니다. 아멘.

46주

나를 가난하게도 마옵시고
부하게도 마옵시고

잠언 30장 | 찬송가 338장. 내 주를 가까이하게 함은

곧 헛된 것과 거짓말을 내게서 멀리 하옵시며

나를 가난하게도 마옵시고 부하게도 마옵시고

오직 필요한 양식으로 나를 먹이시옵소서

혹 내가 배불러서 하나님을 모른다

여호와가 누구냐 할까 하오며

혹 내가 가난하여 도둑질하고

내 하나님의 이름을

욕되게 할까 두려워함이니이다 (30:8-9)

유명한 아굴의 기도입니다. 아굴은 하나님께 두 가지를 기도했습니

다. 첫째, 거짓말을 하지 않고 정직하게 살기를 기도했습니다. 둘째, 가난하지도 부유하지도 않은, 필요한 만큼의 재산을 주시기를 기도했습니다. 아굴의 기도가 성경에 기록되었다는 것은 하나님께서 아굴의 기도를 기쁘게 받으셨다는 증거입니다. 우리도 아굴의 지혜를 본받아 아굴처럼 기도합시다.

> 아비를 저주하며 어미를
> 축복하지 아니하는
> 무리가 있느니라 (30:11)

아굴은 하나님께 심판받아 마땅한 사람들을 소개합니다. 그중에 한 부류는 부모를 저주하는 사람들입니다. 하나님은 제5계명에서 부모를 공경하라고 하셨습니다. 부모에게 불순종하거나 부모에게 대항하는 것은 하나님의 뜻이 아닙니다. 부모에게 순종하는 것이 지혜입니다. 부모를 기쁘게 하기 위해 노력하는 것이 지혜입니다.

> 스스로 깨끗한 자로 여기면서도
> 자기의 더러운 것을 씻지 아니하는
> 무리가 있느니라 (30:12)

아굴은 하나님께 저주받을 사람들을 소개합니다. 그중에 한 부류는 스스로 깨끗하게 여기면서 자기의 더러운 것을 씻지 않는 사람들입니다. 따라서 우리는 하나님의 말씀으로 우리의 삶을 점검해야 합니다. 하나님의 말씀을 어긴 것이 있다면, 즉각 회개하고 고쳐야 합니다.

> 땅에 작고도 가장 지혜로운 것 넷이 있나니
> 곧 힘이 없는 종류로되
> 먹을 것을 여름에 준비하는 개미와 (30:24-25)

아굴은 동물들을 통해 지혜를 가르칩니다. 아굴이 처음 소개하는 동물은 개미입니다. 개미는 작고 약하지만, 먹을 것을 미리 준비하는 부지런함을 가지고 있습니다. 우리는 개미에게서 성실함을 배워야 합니다. 우리가 주어진 자리에서 부지런히 살아간다면, 하나님은 우리를 귀하게 사용하실 것입니다.

묵상

아굴이 하나님께 기도한 두 가지는 무엇입니까?

_____

_____

_____

아굴처럼 하나님께 기도하시겠습니까?

_____

_____

_____

기도

하나님. 아굴은 정직하게 살기를 기도했습니다. 배불러서 하나님을 모른다고 하지 않기를 기도했고, 가난해서 도둑질하지 않기를 기도했습니다. 저희도 아굴처럼 기도하며 하나님 중심의 삶을 살게 해 주세요. 예수님의 이름으로 기도합니다. 아멘.

47주

누가 현숙한 여인을 찾아 얻겠느냐
그의 값은 진주보다 더 하니라

잠언 31장 | 찬송가 342장. 너 시험을 당해

> 네 힘을 여자들에게 쓰지 말며 왕들을
> 멸망시키는 일을 행하지 말지어다 (31:3)

왕이 하지 말아야 할 두 가지를 소개합니다. 아내를 많이 두는 것과 전쟁을 많이 하는 것입니다. 고대에는 아내의 숫자가 왕의 권력을 상징했습니다. 영토의 크기가 왕의 권세를 상징했습니다. 따라서 아내를 많이 두지 말고, 전쟁을 많이 하지 말라는 것은 욕심과 욕망을 내려놓으라는 뜻입니다. 자신의 욕심을 이루는 데 힘을 쓰지 말고, 하나님의 뜻을 이루는 데 힘을 쓰라는 뜻입니다. 지금 우리는 어디에 힘을 쓰고 있습니까? 우리는 무엇을 위해 살아가고 있습니까?

> 르무엘아 포도주를 마시는 것이
> 왕들에게 마땅하지 아니하고
> 왕들에게 마땅하지 아니하며
> 독주를 찾는 것이 주권자들에게 마땅하지 않도다
> 술을 마시다가 법을 잊어버리고
> 모든 곤고한 자들의 송사를 굽게 할까 두려우니라
> 독주는 죽게 된 자에게, 포도주는 마음에
> 근심하는 자에게 줄지어다 (31:4-6)

왕이 다음으로 피해야 하는 것은 술입니다. 술을 마시면 취하게 되고, 취하면 정신을 잃게 되고, 정신을 잃으면 죄를 지을 수 있기 때문입니다. 우리는 먹고 마시는 즐거움을 위해 사는 사람이 아닙니다. 우리는 하나님의 영광을 위해 사는 사람입니다. 하나님의 영광을 위해 술을 피하는 것이 지혜입니다.

> 너는 말 못하는 자와 모든 고독한 자의
> 송사를 위하여 입을 열지니라
> 너는 입을 열어 공의로 재판하여
> 곤고한 자와 궁핍한 자를 신원할지니라 (31:8-9)

왕이 피해야 하는 일 다음으로, 왕이 해야 하는 일이 소개됩니다. 왕이 꼭 해야 하는 일은 사회적 약자를 위해 재판을 공정하게 하는 것이며, 사회적 약자들을 돕는 것입니다. 우리는 모든 사람을 사랑해야 하지만, 특히 사회적 약자들을 사랑해야 합니다. 우리는 사회적 약자를 돕기 위해 무엇을 하고 있습니까? 사회적 약자들을 섬기기 위해 우리가 할 수 있는 일은 무엇인지 생각해 봅시다.

> 누가 현숙한 여인을 찾아 얻겠느냐
> 그의 값은 진주보다 더 하니라 (31:10)

현숙한 여인은 진주보다 가치 있다고 합니다. 외모가 아름다운 여인이나 돈이 많은 여인이 아니라, 지혜로운 여인과 결혼하라는 뜻입니다. 현대인들은 배우자를 정할 때 외모와 재산을 중시합니다. 하지만 우리는 그런 기준으로 상대방을 평가해서는 안 됩니다. 우리는 지혜로운 사람과 교제하고, 지혜로운 사람과 결혼해야 합니다.

묵상

왕이 많이 하면 안 되는 두 가지는 무엇입니까?

_____

_____

_____

왜 왕은 그 두 가지를 많이 해서는 안 됩니까?

_____

_____

_____

기도

하나님. 저희가 가진 소유 때문에 죄 짓지 않기를 원합니다. 너무 부유하지도, 너무 가난하지도 않게 해 주세요. 꼭 필요한 만큼 소유하게 해 주세요. 그래서 하나님과 바른 관계를 가지고 살아가게 해 주세요. 예수님의 이름으로 기도합니다. 아멘.

일주일에 한 번,
온 가족 말씀 동행 프로젝트

전도서

48주

헛되고 헛되며 헛되고 헛되니
모든 것이 헛되도다

전도서 1장 | 찬송가 348장. 마귀들과 싸울지라

> 전도자가 이르되 헛되고 헛되며
> 헛되고 헛되니 모든 것이 헛되도다
> 해 아래에서 수고하는 모든 수고가
> 사람에게 무엇이 유익한가 (1:2-3)

전도자는 지혜를 가르치는 교사입니다. 전도자는 해 아래에서 하는 모든 수고가 헛되다고 말합니다. 해 아래에서 하는 일들이 사람에게 아무 유익을 주지 못한다고 말합니다. 그렇다면 우리는 어떻게 살아야 할까요? 해 아래에서 하는 일이 헛되다면, 해 위에 계신 분을 위해서 살아야 합니다. 세상에서 하는 일이 헛되다면, 세상을 초월하신 분을 위해서 살아야 합니다. 그분은 하나님입니다. 하나님 없는 인생은 헛된 인생입니다. 하나님 없는 수고는 헛된 수고입니다. 하나님을 위해서 사는 인생이 가치 있는 인생입니다. 하나님과 동행하는 인생이 가치 있는 인생입니다.

> 해는 뜨고 해는 지되
> 그 떴던 곳으로 빨리 돌아가고
> 바람은 남으로 불다가
> 북으로 돌아가며 이리 돌며
> 저리 돌아 바람은
> 그 불던 곳으로 돌아가고
> 모든 강물은 다 바다로 흐르되
> 바다를 채우지 못하며
> 강물은 어느 곳으로 흐르든지
> 그리로 연하여 흐르느니라 (1:5-7)

해는 반복해서 뜨고 집니다. 바람도 반복해서 불어오며, 강물도 반복해서 흘러갑니다. 이처럼 사람의 인생은 반복의 연속입니다. 그런데 반복되는 인생은 지루합니다. 반복되는 인생은 무의미합니다. 반복되는 인생은 우리에게 고통을 줍니다. 바로 이것이 하나님 없는 인생의 비참함입니다. 하나님을 떠나 있기에, 인생이 무의미하게 느껴지는 것입니다. 우리는 속히 하나님께로 돌아가야 합니다. 그러면 세상이 다르게 보입니다. 무의미하게 반복되는 세상이 아니라, 하나님께서 창조하시고 다스리시는 세상으로 보입니다.

> 모든 만물이 피곤하다는 것을
> 사람이 말로 다 말할 수는 없나니
> 눈은 보아도 족함이 없고
> 귀는 들어도 가득 차지 아니하도다 (1:8)

모든 만물이 피곤하다고 합니다. 사람의 인생은 피곤함으로 가득하다는 뜻입니다. 왜 사람의 인생은 피곤함으로 가득할까요? 만족을 모르는 마음 때문입니다. 더 좋은 것을 가지려 하고, 더 많은 것을 가지려 하는 마음 때문입니다. 현재에 만족하지 않는 마음 때문에 인생이 피곤한 것입니다. 우리는 어떠합니까? 현재에 만족하고 있습니까? 아니면 더 좋은 것을, 더 많은 것을 가지려고 합니까?

> 내가 해 아래에서 행하는 모든 일을 보았노라
> 보라 모두 다 헛되어 바람을 잡으려는 것이로다
> 구부러진 것도 곧게 할 수 없고
> 모자란 것도 셀 수 없도다 (1:14-15)

구부러진 것도 곧게 할 수 없고 모자란 것도 셀 수 없다고 합니다. 인생의 허무함을 극복할 능력이 사람에게는 없다는 뜻입니다. 인생의 허무함을 극복하는 길은 하나님께로 돌아가는 것입니다. 하나님을 위해서 사는 것입니다. 하나님의 은혜를 받는 것입니다. 그것만이 인생의 허무함을 극복하는 길입니다.

묵상

해 아래에서 하는 모든 일이 헛되다면,
우리는 어떻게 살아야 합니까?

_____

_____

인생이 무의미하게 느껴지고, 삶에 기쁨이 없는
궁극적인 이유는 무엇입니까?

_____

_____

_____

_____

기도

하나님. 하나님 없는 인생은 허무함으로 가득합니다. 하나님
없는 인생은 죄악으로 가득합니다. 하나님을 위해서 살게 해
주세요. 하나님과 동행하며 살게 해 주세요. 하나님께서 주시
는 기쁨이 저희 삶에 가득하게 해 주세요. 예수님의 이름으로
기도합니다. 아멘.

49주

하나님 앞에서
함부로 입을 열지 말며

전도서 5장 | 찬송가 357장. 주 믿는 사람 일어나

> 너는 하나님 앞에서 함부로 입을 열지 말며
> 급한 마음으로 말을 내지 말라
> 하나님은 하늘에 계시고 너는 땅에 있음이니라
> 그런즉 마땅히 말을 적게 할 것이라 (5:2)

하나님 앞에서 함부로 입을 열지 말고, 급한 마음으로 말을 내지 말라고 합니다. 하나님께 기도할 때 아무 말이나 하지 말라는 뜻입니다. 주문 외우듯이 의미 없는 말을 반복해서 하지 말라는 뜻입니다. 기도는 하나님과의 대화입니다. 어른 앞에서 말을 조심해서 해야 하

듯이, 하나님께 기도할 때도 말을 조심해서 해야 합니다. 한 마디 한 마디 신중하게 기도해야 합니다.

> 노동자는 먹는 것이 많든지 적든지
> 잠을 달게 자거니와 부자는 그 부요함 때문에
> 자지 못하느니라 (5:12)

세상 사람들은 돈으로 허무함을 이길 수 있다고 생각합니다. 돈이 기쁨과 즐거움을 주고, 돈이 고통과 괴로움을 사라지게 한다고 생각합니다. 일정 부분 사실입니다. 돈으로 할 수 있는 일이 많고, 돈이 주는 기쁨도 작지 않습니다. 하지만 돈이 주는 만족과 기쁨은 일시적입니다. 아무리 돈이 많아도 허무함을 극복하지 못합니다. 허무함을 극복하는 방법은 하나님께로 돌아가는 것입니다. 하나님을 위해서 사는 것입니다. 하나님의 은혜를 받는 것입니다.

> 사람이 하나님께서 그에게 주신 바
> 그 일평생에 먹고 마시며
> 해 아래에서 하는 모든 수고 중에서
> 낙을 보는 것이 선하고 아름다움을 내가 보았나니
> 그것이 그의 몫이로다 (5:18)

하나님의 뜻대로 사는 삶은 어떤 삶일까요? 온종일 기도하고 성경 보는 삶일까요? 아닙니다. 전도자는 먹고 마시는 일이 선하고 아름답다고 말합니다. 맛있는 음료를 먹고, 맛있는 음식을 먹는 것도 하나님의 뜻입니다. 아름다운 광경을 지켜보고, 멋진 명소를 여행하는 것도 하나님의 뜻입니다. 대신 맛있는 음식을 주신 하나님께 감사하고, 아름다운 세상을 창조하신 하나님께 영광을 돌려야 할 것입니다.

> 또한 어떤 사람에게든지 하나님이
> 재물과 부요를 그에게 주사 능히 누리게 하시며
> 제 몫을 받아 수고함으로 즐거워하게 하신 것은
> 하나님의 선물이라 (5:19)

재물을 주시는 분은 하나님이라고 말합니다. 하나님은 우리에게 많은 재산을 주셨을 수도 있고, 적은 재산을 주셨을 수도 있습니다. 중요한 것은 많이 주신 분도 하나님이요, 적게 주신 분도 하나님이라는 사실입니다. 만약 하나님께서 재산을 많이 주셨다면, 가난한 자들과 나누는 것이 하나님의 뜻입니다. 만약 하나님께서 재산을 적게 주셨다면, 검소하게 사는 것이 하나님의 뜻입니다. 많은 재산을 가진 사람은 하나님보다 돈을 더 의지하지 않도록 조심해야 합니다. 적은 재산을 가진 사람은 하나님을 원망하지 않도록 조심해야 합니다. 재산이 많든 적든 우리의 생명은 하나님께 달려 있습니다. 재산이 많다고 허무하지 않은 것이 아니고, 재산이 적다고 허무한 것이 아닙니다.

묵상

'하나님 앞에서 함부로 입을 열지 말라'라는 말씀은
어떤 뜻입니까?

_____

_____

_____

하나님의 뜻대로 살기 위해서는 항상 기도만 해야 합니까?

_____

_____

_____

기도

하나님. 하나님은 만물의 창조주이시며, 저희는 하나님께서
창조하신 피조물입니다. 그러니 가장 높으신 창조주 하나님
앞에서 말을 함부로 하지 않게 해 주세요. 하나님께 기도할 때
신중히 말할 수 있게 해 주세요. 예수님의 이름으로 기도합니
다. 아멘.

하나님이 이 모든 일로 말미암아
너를 심판하실 줄 알라

전도서 11-12장 | 찬송가 358장. 주의 진리 위해 십자가 군기

> 너는 아침에 씨를 뿌리고
> 저녁에도 손을 놓지 말라
> 이것이 잘 될는지, 저것이 잘 될는지,
> 혹 둘이 다 잘 될는지 알지 못함이니라 (11:6)

사람은 알지 못하는 것이 많습니다. 특히 미래를 알지 못합니다. 그래서 우리는 다음과 같이 살아야 합니다. 첫째, 겸손해야 합니다. 미래를 알지 못한다는 사실을 인정해야 합니다. 둘째, 하나님을 신뢰해야 합니다. 우리는 미래를 알지 못하지만, 하나님은 모든 것을 아

신다는 사실을 잊지 말아야 합니다. 셋째, 지금 하나님의 뜻에 순종해야 합니다. 지금 하나님께 순종하면, 미래에도 하나님은 우리와 함께하실 것입니다.

> 청년이여 네 어린 때를 즐거워하며
> 네 청년의 날들을 마음에 기뻐하여
> 마음에 원하는 길들과 네 눈이 보는 대로 행하라
> 그러나 하나님이 이 모든 일로 말미암아
> 너를 심판하실 줄 알라 (11:9)

어린 나이에 마음이 원하는 것만 하고, 보고 싶은 것만 보면 어떻게 될까요? 결국 하나님의 심판을 받게 될 것입니다. 하나님께서 주신 시간을 의미 없는 일에 낭비했기 때문입니다. 어떻게 시간을 사용하고 있습니까? 가치 없는 일에 시간을 낭비하고 있지는 않습니까?

> 너는 청년의 때에 너의 창조주를 기억하라
> 곧 곤고한 날이 이르기 전에,
> 나는 아무 낙이 없다고 할 해들이 가깝기 전에
> 해와 빛과 달과 별들이 어둡기 전에,
> 비 뒤에 구름이 다시 일어나기 전에 그리하라 (12:1-2)

허무함을 극복하는 방법은 하나님께로 돌아가고, 하나님의 뜻에 순종하는 것입니다. 그렇지 않으면 반드시 허무함을 느낄 것이고, 하나님의 심판을 받을 것입니다. 그러므로 우리는 늦기 전에 하나님께 돌아가야 합니다. 허무함에 정복당하기 전에, 하나님의 심판이 임하기 전에 하나님께로 돌아가야 합니다.

> 일의 결국을 다 들었으니
> 하나님을 경외하고
> 그의 명령들을 지킬지어다
> 이것이 모든 사람의 본분이니라 (12:13)

전도서의 결론입니다. 전도자는 사람의 인생에서 가장 중요한 일을 다음과 같이 말합니다. "하나님을 경외하고 그의 명령들을 지킬지어다." 부자가 되거나, 힘을 가지거나, 인기를 얻는 것보다 더 중요한 일이 하나님을 예배하고 하나님께 순종하는 것이라는 뜻입니다. 그러므로 우리가 어떻게 살아야 하는지는 분명합니다. 매일 매일 하나님의 말씀을 묵상하고, 그 말씀에 순종하는 삶을 살아야 합니다. 그것이야말로 가장 가치 있는 인생입니다.

묵상

우리는 미래를 알지 못합니다.
그렇기에 어떻게 살아야 합니까?

_____

_____

_____

_____

아무리 어리더라도, 하고 싶은 것만 하면 어떻게 됩니까?

_____

_____

_____

_____

기도

하나님. 허무한 인생이 아니라, 가치 있는 인생을 살기 원합니
다. 하나님을 예배하고 찬양하는 삶을 살게 해 주세요. 하나님
의 말씀을 묵상하고 그 말씀에 순종하는 삶을 살게 해 주세요.
예수님의 이름으로 기도합니다. 아멘.

일주일에 한 번,
온 가족 말씀 동행 프로젝트

아가

51주

여자들 중에 내 사랑은
가시나무 가운데 백합화 같도다

아가 1-2장 | 찬송가 359장. 천성을 향해 가는 성도들아

> 솔로몬의 아가라 내게 입맞추기를 원하니
> 네 사랑이 포도주보다 나음이로구나 (1:1-2)

사랑이 포도주보다 낫다고 말합니다. 사랑보다 고귀한 것은 없습니다. 부부간의 사랑은 고귀하고, 우리를 향한 하나님의 사랑은 더욱 고귀합니다. 하나님을 모르는 사람들은 쉽게 만나고 쉽게 헤어집니다. 사랑을 고귀하게 생각하지 않기 때문입니다. 우리는 고귀한 사랑을 해야 합니다. 포기하지 않는 사랑, 오래 참는 사랑을 해야 합니다.

> 예루살렘 딸들아
>
> 내가 비록 검으나 아름다우니
>
> 게달의 장막 같을지라도
>
> 솔로몬의 휘장과도 같구나 (1:5)

아가서는 솔로몬과 술람미 여인의 사랑에 관한 노래입니다. 술람미 여인은 자신이 검다고 말합니다. 외모가 아름답지 않다는 뜻입니다. 그렇다면 왜 솔로몬은 술람미 여인을 사랑했을까요? 솔로몬은 술람미 여인의 외모가 아니라 내면을 보았기 때문입니다. 외면의 아름다움이 아니라 내면의 아름다움을 보았기 때문입니다. 우리도 외모보다 내면을 보는 사람이 되어야 합니다. 외모를 아름답게 하기보다 내면을 아름답게 하는 사람이 되어야 합니다.

> 내 마음으로 사랑하는 자야 네가 양 치는 곳과
>
> 정오에 쉬게 하는 곳을 내게 말하라
>
> 내가 네 친구의 양 떼 곁에서
>
> 어찌 얼굴을 가린 자 같이 되랴 (1:7)

술람미 여인은 솔로몬이 있는 곳을 알려 달라고 합니다. 솔로몬을 사랑하기 때문입니다. 보고 싶다는 것, 오래도록 함께하고 싶다는 것은 사랑한다는 증거입니다. 하나님을 향한 마음도 마찬가지입니다. 우리가 하나님을 사랑한다면, 하나님의 말씀을 보고 싶어 해야 합니다. 하나님과 오래도록 함께하고 싶어 해야 합니다. 우리는 정말 하나님을 사랑하는 사람입니까?

> 나는 사론의 수선화요 골짜기의 백합화로다
> 여자들 중에 내 사랑은
> 가시나무 가운데 백합화 같도다 (2:1-2)

솔로몬은 술람미 여인을 사론의 수선화요 골짜기의 백합화로 여겼습니다. 솔로몬은 자격 없는 술람미 여인을 누구보다 사랑했습니다. 하나님도 마찬가지입니다. 하나님은 우리를 의인이요, 하나님의 백성이요, 하나님의 자녀로 여기십니다. 하나님은 자격 없는 우리를 누구보다 사랑해 주십니다.

묵상

왜 하나님을 모르는 사람들은 쉽게 만나고 쉽게 헤어집니까?

_____

_____

_____

왜 솔로몬은 술람미 여인을 사랑했습니까?

_____

_____

_____

_____

기도

하나님. 자격 없는 저희를 사랑해 주셔서 감사합니다. 하나님
께 받은 사랑을 세상에 전하게 해 주세요. 자격과 조건을 따지
는 사랑이 아니라, 희생하고 양보하는 사랑을 하게 해 주세요.
예수님의 이름으로 기도합니다. 아멘.

사랑하는 자가 원하기 전에는
흔들지 말고 깨우지 말지니라

아가 3–8장 | 찬송가 364장. 내 기도하는 그 시간

> 예루살렘 딸들아
> 내가 노루와 들사슴을 두고
> 너희에게 부탁한다
> 사랑하는 자가 원하기 전에는
> 흔들지 말고 깨우지 말지니라 (3:5)

술람미 여인은 자신의 사랑을 방해하지 말라고 합니다. 자신과 솔로
몬 사이에 끼어들지 말라고 말합니다. 하나님을 향한 우리의 마음도
이와 같아야 합니다. 하나님과 우리 사이에 아무도 끼어들지 않게

해야 합니다. 하나님과 우리의 교제를 아무도 방해하지 않게 해야 합니다. 우리는 정기적으로 하나님과 일대일로 만나야 합니다. 조용한 곳에서 하나님의 말씀을 묵상하고, 아무도 없는 곳에서 하나님께 기도해야 합니다.

> 내 누이, 내 신부는
> 잠근 동산이요
> 덮은 우물이요
> 봉한 샘이로구나 (4:12)

솔로몬은 술람미 여인이 잠근 동산이요 덮은 우물이요 봉한 샘이라고 말합니다. 술람미 여인의 순결을 칭찬하는 내용입니다. 바로 이것이 솔로몬이 술람미 여인을 사랑한 이유입니다. 솔로몬은 술람미 여인의 순결함을 사랑했습니다. 우리를 향한 하나님의 마음도 마찬가지입니다. 하나님은 우리가 순결하기를 원하십니다. 다른 것에 마음을 빼앗기지 않고, 하나님만을 사랑하기 원하십니다.

> 나는 내 사랑하는 자에게 속하였도다
> 그가 나를 사모하는구나 (7:10)

술람미 여인은 자신이 솔로몬에게 속하였다고 고백합니다. 아내는 남편에게 속하였고, 남편은 아내에게 속했다는 뜻입니다. 부부는 한 몸이라는 뜻입니다. 그래서 아내는 남편을, 남편은 아내를 누구보다 소중하게 여겨야 합니다. 누구보다 사랑해야 합니다.

> 사랑은 죽음같이 강하고 질투는 스올 같이 잔인하며
>
> 불길같이 일어나니 그 기세가 여호와의 불과 같으니라
>
> 많은 물도 이 사랑을 끄지 못하겠고 홍수라도 삼키지 못하나니
>
> 사람이 그의 온 가산을 다 주고 사랑과
>
> 바꾸려 할지라도 오히려 멸시를 받으리라 (8:6-7)

사랑은 죽음같이 강하다고 합니다. 사랑보다 강한 것은 없다는 뜻입니다. 서로 사랑한다면 어떤 어려움도 견딜 수 있습니다. 서로 사랑한다면 어떤 위험도 극복할 수 있습니다. 그래서 사랑보다 중요한 것은 없습니다. 서로 사랑하는 부부가 되는 일, 서로 사랑하는 가정이 되는 일보다 중요한 것은 없습니다. 그보다 더 중요한 것은 하나님을 사랑하는 우리가 되는 일입니다.

묵상

솔로몬은 술람미 여인의 어떤 점을 사랑했습니까?

_____

_____

_____

'사랑이 죽음보다 강하다'라는 말씀은 어떤 뜻입니까?

_____

_____

_____

기도

하나님. 사랑은 참으로 위대합니다. 사랑할 수 있음이 은혜입니다. 그러므로 누구보다 하나님을 사랑하게 해 주세요. 순결한 마음으로 하나님을 사랑하게 해 주세요. 자주 하나님을 찾게 해 주세요. 하나님의 말씀을 더욱 사랑하게 해 주세요. 예수님의 이름으로 기도합니다. 아멘.